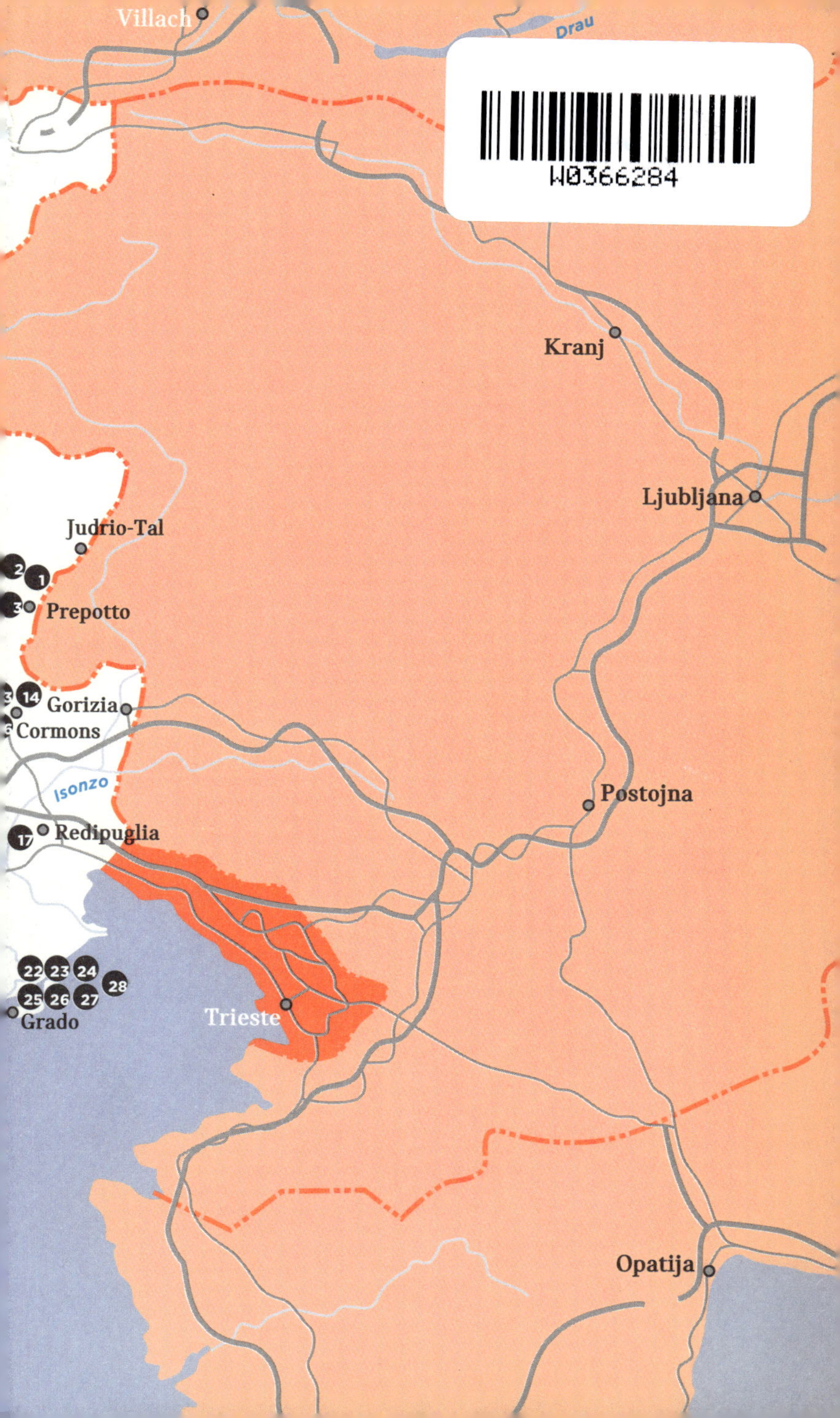
Villach
Drau
Kranj
Ljubljana
Judrio-Tal
2
1
3
Prepotto
14
Gorizia
Cormons
Isonzo
17
Redipuglia
Postojna
22
23
24
28
25
26
27
Grado
Trieste
Opatija

Rudi Palla

Auf ins Friaul

Redaktion und Lektorat: vielseitig, Sonja Franzke

Grafisches Konzept: METAPHOR.ME – Michael Jung
Satz & Layout: METAPHOR.ME
Karte: Cartomedia
Fotos: Rudi Palla außer
S. 61: Foto von Mimmo Cattarinich. Autor und Folio Verlag danken dem Centro Studi Pier Paolo Pasolini, Casarsa della Delizia für die Abdruckgenehmigung.
Gesetzt mit Catalog Pro / Gotham
Printed in Austria

ISBN 978-3-85256-552-1

www.folioverlag.com

55 REISE VERFÜHRUNGEN

Rudi Palla

AUF INS FRIAUL

Verborgenes
Skurriles
Kulinarisches

FOLIO VERLAG
WIEN | BOZEN

Inhalt

Aufbruch in die unbekannte Nähe

Judrio-Tal

„Il Friuli è un piccolo compendio dell'universo", schrieb der aus Padua stammende Ippolito Nievo in seinem originell wuchernden Werk „Le Confessioni d'un Italiano" (Bekenntnisse eines Italieners), das 1867 postum veröffentlicht wurde.

Dieses kleine Kompendium der Welt, das sich im Friaul zu spiegeln scheint, wie Nievo in der oft zitierten Textstelle andeutete, bietet eine erstaunliche Vielfalt von Landschaften, Menschen, Geschichte, Kulturen, Flora und Fauna. Begrenzt wird diese „Welt" im Osten vom Isonzo und im Westen von der Livenza und reicht von den Gebirgslandschaften der Karnischen und Julischen Alpen im Norden bis zu den Lagunen der Adria. Mittendurch schiebt sich wild und ungebändigt der breite, weißschottrige Flusslauf des Tagliamento; er teilt die „Welt" in eine West- und Osthälfte und bildet die Grenze zwischen den Provinzen Pordenone und Udine (sowie Görz), was als Friaul bezeichnet wird, während die kleinste Provinz Triest Julisch Venetien darstellt – gemeinsam bilden sie seit 1963 die autonome italienische Region Friaul-Julisch Venetien.

An einem strahlend hellen Maitag breche ich zu meiner – für dieses Buch – ersten Erkundung in das Friaul auf – in die unbekannte Nähe. Ich bin mit Freunden im Valle del Judrio verabredet, wo sie in dem kleinen Weiler Centa einige Tage verbringen. In Udine verlasse ich die Autostrada, überquere bei Premariacco den Fluss Natisone, der sich hier im Laufe der Jahrhunderte eine eindrucksvolle Schlucht gegraben hat, und erreiche bei Prepotto (ein Ort, auf den ich später zu sprechen komme) das Tal des Judrio, ein stiller, malerischer Winkel an der Grenze zu Slowenien. Nach Prepotto kommt auf der rechten Seite der Straße das Dorf Albana und kurz danach führt scharf links ein Weg hinauf nach Centa, ein *Borgo* mit ein paar Steinhäusern und einer Kapelle. Eines dieser Häuser ist die Casa Caterina da Centa, ein einfaches Bed & Breakfast-Quartier, wo mich meine Freunde bereits erwarten. Ein erster Ausflug: Wir fahren durch das schmale Tal, das sich entlang der Grenze schlängelt und beiderseits von dichten Wäldern begrenzt wird; dazwischen am Flussufer immer wieder kleine Weingärten. Der Wasserlauf des Judrio ist mehr ein Rinnsal und verschwindet streckenweise im Geröllbett. Die vorherrschende Baumart ist hier die Robinie, die durch ihre stark duftenden gelblichen Blüten auffällt, die in langen, dichten Trauben an jungen Trieben hängen. Ursprünglich war sie nur im östlichen Nordamerika verbreitet; Jean Robin, Hofgärtner Heinrichs IV. von Frankreich, soll sie als Erster um das Jahr 1600 aus Virginia nach Paris gebracht haben. Die Robinie ist das Fremdgehölz mit der größten Ausbreitung in Europa und gehört zu den nektarreichsten Bienenweiden.

Wir beschließen unseren Ausflug mit einem Abendessen in der **Trattoria Al Ceppo** nahe dem Örtchen Kulinarik

Cosson, etwa fünf Kilometer von unserem Quartier entfernt. Das Gebäude, welches das Restaurant im Erdgeschoß beherbergt, fällt durch seine herrschaftliche Größe auf, der Platz davor wird von alten Bäumen dominiert, einer Zeder, einem Nussbaum und einem ziemlich gestutzten Maulbeerbaum. In der Mitte des getäfelten Schank- und Speiseraums steht ein langer, massiver Tisch mit Bänken an beiden Seiten, der Boden ist mit groben Platten aus Dolomit belegt. Wir bestellen als Vorspeise gemischten Aufschnitt, den der Wirt, Signore Bordon, auf einem großen Teller mit einem Korb Weißbrot serviert: Prosciutto, Salame fresca und Montasio-Käse, garniert mit Rucola. Der Käse ist eine friulanische Spezialität aus Kuhmilch, die es in verschiedenen Reifegraden gibt. Als Hauptspeise wählen wir Frico mit Polenta. Frico ist eine der traditionsreichsten und ältesten Speisen des Friaul. Sie stammt aus der Sennerei und wird heute in unterschiedlichen Varianten zubereitet. Dazu trinken wir eine Flasche Schioppettino aus Prepotto, jenen unverwechselbaren, kräftigen Rotwein, der nur in dieser Gegend gekeltert wird. In einem Prospekt der Associazione Produttori Schioppettino di Prepotto wird das ausgeprägte Aroma des Weins gepriesen, von Waldbeeren, Brombeeren, Heidelbeeren und Sauerkirschen, das zusammen mit einer würzigen Note eine harmonische Einheit ergibt, die an grünen Pfeffer erinnert. Ich gestehe, ein Banause zu sein; ich fand den Wein zwar sehr ansprechend, aber alle die Beeren und den grünen Pfeffer – na ja, die poetische Kraft der Winzer bei Degustationen ist bekannt und liebenswert.

Am nächsten Tag beim Frühstück in der Casa Caterina erzählt unser Zimmervermieter, Signore Mariotti, von einem **Gedenkstein**, den wir uns unbedingt an-

Skurriles 2

Gedenkstein Fausto Coppi

sehen müssten. Die Inschrift sei zwar bis auf die Zeile „A Ricordo“ verwittert, aber auf dem angebrachten Foto würde man zweifelsfrei Fausto Coppi auf seinem Rennrad erkennen. Fausto Coppi! „Il Campionissimo“, das Idol meiner Kindheit, einer der erfolgreichsten und populärsten Radrennfahrer der Geschichte, der viel zu früh, 1960, mit vierzig Jahren starb (noch dazu an meinem Geburtstag, am 2. Jänner); diesen Stein musste ich sehen. Von Albana aus führt eine schmale Straße durch dichten Wald einige Kilometer bergauf zu einer Abzweigung, links geht es nach Cividale del Friuli, rechts nach Castelmonte, und da, am Straßenrand im Gras, steht der Gedenkstein, ein roh behauener Felsbrocken mit dem erwähnten Foto. Wer hatte den Stein gerade an dieser Stelle errichtet? Signore Mariotti weiß es auch nicht. Die Radlegende Coppi stammte aus dem Piemont, aus dem Dörfchen Castellania, und es ist auszuschließen, dass über diese Straße jemals der Giro d' Italia rollte. Eine Gedenkminute, ein Foto, dann fahren wir weiter Richtung Castelmonte. Die Straße ist schmal, kurvenreich und führt teilweise durch tunnelähnlichen Laubwald, der so dicht ist, dass er die Sonnenstrahlen verschluckt. Dazwischen geben Lichtungen mit blühenden Wiesen den Blick auf die gezackte Linie der Julischen Alpen frei, die sich in der Ferne schneeglitzernd vor dem wolkenlosen Himmel abzeichnet. Am Rand einer Wiese machen wir Halt und spazieren über einen Teppich von Gräsern und Wiesenblumen, wobei wir zwei eher seltene Pflanzen entdecken: den nach Zitrone duftenden Diptam und das purpurrosa Knabenkraut. Aus dem schweigenden Wald hinter der Wiese sind die flötenden „düdlio“-Rufe eines Pirols zu hören.

Über steile Serpentinen erreichen wir bei Podresca

wieder das Judrio-Tal und kehren heim in unsere Casa Caterina. Meine Freunde reisen morgen ab, deshalb haben uns unsere liebenswürdigen Hausleute, Laura und Sergio, zu einem Abschiedsessen eingeladen. Laura hat tagsüber im Wald junge Sprossen des Mäusedorns (*Ruscus*) gesammelt, eine wild wachsende Pflanze aus der Familie der Spargelgewächse, die schon Plinius in seiner enzyklopädischen Naturkunde als Nahrungs- und Heilmittel erwähnte. Der leicht bittere Geschmack der etwa zwanzig Zentimeter langen, auberginefarbenen Sprossen ist intensiver als jener des weißen oder grünen Spargels. Laura zaubert daraus mit Eiern und Kräutern eine köstliche Frittata. Fertae, wie das beliebte Gericht im Friulanischen heißt, ist kein gewöhnliches Omelett; man bereitet sie ohne Milch und Mehl zu und vermischt die verrührten Eier gerne auch mit Kräutern, Spinat, Mangold, Lauch, Salsiccia, Meeresfrüchten oder Anchovis.

Frico

(Gebratener Käse)

Zutaten für vier Personen:
* 200 g Montasio, semistagionato
* 200 g Grana Padano
* 1 fein gehackte Zwiebel
* Olivenöl
* Meersalz und Pfeffer aus der Mühle

***

Beide Käsesorten in kleine Würfel schneiden oder hobeln. Zwiebel in heißem Öl anschwitzen. Dann den Käse hinzugeben und schmelzen lassen. Sobald die Käsemasse auf der Unterseite knusprig ist, wie ein Omelett wenden und auf der anderen Seite braten. Das überschüssige Öl abgießen.

Der Frico ist fertig, wenn er einen kompakten Kuchen gebildet hat und rundherum schön knusprig ist.

Eine Abwandlung ist Frico con le patate im folgenden Rezept.

Frico con le patate

(Gebratener Käse mit Kartoffeln)

Zutaten für vier Personen:
* 200 g Montasio, semistagionato
* 1 fein gehackte Zwiebel
* 200 g Kartoffeln
* 50 g durchwachsener Speck
* Olivenöl
* Meersalz und Pfeffer aus der Mühle

* * *

Speck würfelig schneiden und mit der gehackten Zwiebel anrösten. Geschälte, in Scheiben geschnittene Kartoffeln, Salz und Pfeffer hinzufügen. Einen Schöpflöffel Wasser dazugießen und bei kleiner Hitze kochen lassen. Sobald die Kartoffeln gar sind, mit einer Gabel zerquetschen und den würfelig geschnittenen Montasio hinzufügen. Weiterkochen, bis eine zähflüssige Masse entsteht. In eine Pfanne gießen und braten, bis sich eine goldbraune, knusprige Kruste gebildet hat.

Frittata con asparago selvatico

(Omelett mit wildem Spargel)

Zutaten für vier Personen:

* 250 g wilder Spargel
* 8 EL Olivenöl
* 100 g Schalotten oder Frühlingszwiebeln
* 2 EL gehackte Petersilie
* Meersalz und Pfeffer aus der Mühle
* 5 Eier

***

Spargel gut waschen und die weichen Teile in kleine, etwa 3 cm lange Stücke schneiden. Fein gehackte Schalotten oder Frühlingszwiebeln in einer Pfanne in Öl glasig andünsten, Spargel dazugeben, salzen und pfeffern und bei mittlerer Hitze dünsten, bis der Spargel weich ist. Die verquirlten Eier darübergießen und mit Petersilie bestreuen.

Nun bäckt man die Frittata, bis sie goldbraun ist. Einen Deckel auf die Pfanne setzen und diese umdrehen, sodass die Frittata auf dem Deckel liegt. Die Frittata wieder in die Pfanne gleiten lassen und die andere Seite goldbraun backen.
In beliebig große Tortestücke teilen und heiß oder kalt servieren.

La Maialata

(Schweinsbraten; Rezept von Gioia Grassi, Trattoria da Mario, Prepotto)

Zutaten für vier Personen:

* 1 Schweinsfilet (300 g)
* 8 Schweinsrippchen (Spare Ribs)
* 300 g Schweinerücken
* Olivenöl
* Fenchelpulver *(semi di finochietto selvatico)*
* Knoblauch
* grobes Meersalz
* 1/2 l Weißwein (Sauvignon)
* Gemüsebrühe
* 1 Fenchelknolle

***

Fleisch würfelig schneiden (Ragout) und in eine feuerfeste Pfanne einlegen, Weißwein und etwas Gemüsebrühe dazugeben und mit Salz, Fenchelpulver und klein gehacktem Knoblauch würzen.
Ca. 30 Minuten im vorgeheizten Backofen bei 170–180 °C braten, danach bei 250 °C noch weitere 10 Minuten.
Vor dem Servieren den rohen, klein geschnittenen Fenchel über das Fleisch streuen.
Beilage: geviertelte, geschälte Salzkartoffeln.

Die Stadt Julius Cäsars

Cividale del Friuli – Prepotto – Percoto

Am nächsten Morgen verlasse ich die freundliche Casa Caterina da Centa mit dem Ziel Cividale del Friuli. Auf dem Weg dorthin halte ich in dem bereits erwähnten Prepotto, dem Ort des sagenhaften Schioppettino, der nur in dieser Gegend aus Ribolla-nera-Trauben hergestellt wird. Das Herzstück der eher unscheinbaren Ortschaft ist eine weithin bekannte Gaststätte, die Trattoria da Mario, die von Marco und Gioia Grassi geführt wird. Die Spezialität des Hauses ist der Schweinsbraten, *Maialata* genannt (*Costa di Maiale con Patate e Finocchi*), also mit Kartoffeln und Fenchel. Das Wirtshaus ist gleichzeitig auch eine *Enoteca* mit einer erlesenen Auswahl an Schioppettino-Weinen, die verkostet und gekauft werden können. Alljährlich in der ersten Maihälfte findet hier die Mostra Schioppettino statt, ein Fest mit der Vorstellung aller in der Region produzierten Weine.

Kulinarik 3

Skurriles 4

Über die eindrucksvolle **Ponte del Diavolo**, die sich kühn über den Fluss Natisone spannt, kommt man zum Corso Paolino d'Aquileia, der in das Zentrum von Cividale führt. In der Mitte der schmalen Brücke bleibe ich stehen; unter mir, zwischen den mit Buschwerk

Cividale. Blick von der Teufelsbrücke in Richtung Domplatz

Canella
Canella prep
Pepe in
Pepe p
Noci Mos
Chiodi G
Liquore
Galliano

Im Delikatessengeschäft der Brüder Scubla

überwucherten Felswänden, schimmert grünlich der träge Fluss. Der Bau der steinernen Brücke, die in zwei Bögen geteilt ist und deren mittlerer Pfeiler auf einem natürlichen Felsblock im Flussbett ruht, wurde Anfang des 16. Jahrhunderts nach einer wirren Baugeschichte beendet. Vier Jahrhunderte später wurde die Brücke in einem sinnlosen Akt zerstört. Nach der Niederlage des italienischen Heeres gegen die österreichisch-ungarische Armee in der Schlacht von Camporetto (Karfreit), der zwölften und letzten Isonzoschlacht, sprengten am 27. Oktober 1917 zurückweichende Italiener die Brücke in die Luft, um den herannahenden Feind aufzuhalten. Doch noch am Abend desselben Tages überschritten österreichische Truppen den Fluss und drangen in Cividale ein. Kurz vor Kriegsende wurde die Brücke wieder aufgebaut, wobei es gelang, die originale Konstruktion nachzuempfinden.

Meinen ersten Besuch mache ich bei Julius Cäsar, dem Gründer der Stadt, dessen bronzenes Standbild vor Kultur 5 den Arkaden des **Palazzo Comunale** steht. Es schwelte bereits der Konflikt mit Pompeius, als Cäsar etwa 50 vor Christus eine kleine Handelsstadt im Norden von Aquileia gründete, die nach ihm Forum Iulii benannt wurde (woher der Name der Region, Friuli, stammt, zu Deutsch Friaul). Nach den Römern kamen die germanischen Langobarden, die 568 im Friaul einfielen und Cividale zur Hauptstadt ihres ersten Herzogtums auf dem Gebiet des heutigen Italien machten. Eine reichhaltige Sammlung von Gebrauchsgegenständen, Schmuckstücken und Waffen, die aus langobardischen Gräbern stammen, ist in Kultur 6 der zweiten Etage des **Museo Archeologico** zu sehen. Das Museum liegt an der Piazza Duomo im Palazzo dei Provveditori, der von der Serenissima nach Entwürfen

CAFFE' LONGOBARDO

von Andrea Palladio für ihren Gesandten in Cividale gebaut und 1596 fertiggestellt wurde. Im Erdgeschoß befindet sich das Lapidarium, in dem wirkungsvolle Mosaiken, Stelen, Grabsteine, Säulen, Kapitelle und dergleichen aus vorrömischer, römischer und mittelalterlicher Zeit ausgestellt sind.

Nach dem Besuch des Museums, den man gut mit Kultur 7 dem Besuch des **Museo Cristiano** verbinden kann, betrete ich das kühle Innere des Doms, ein dreischiffiger Raum in gedämpftem Licht, der durch mächtige Rundpfeiler geprägt ist und mich eher kalt lässt. An der fast schmucklosen Fassade sind die beiden Bauphasen des 15. und 16. Jahrhunderts gut ablesbar. Vom Domplatz schlendere ich durch den engen Corso G. Mazzini, gewissermaßen die Hauptstraße von Cividale. Auf der rechten Straßenseite bleibe ich an der Ecke Via Cavour vor einem Geschichte 8 vornehmen Renaissancehaus stehen, dem **Palazzo Levrini-Stringher**, der auch durch eine Apotheke mit altem, verschnörkeltem Interieur auffällt. Die der Via Cavour zugewandte Front wird durch einen Portikus mit drei Rundbögen, gestützt auf Säulen und einen Eckpfeiler, charakterisiert. Über dem Portikus und der Apotheke zeigen farbige Fresken mythologische Szenen – Venus und die drei Grazien oder den Kampf des Herkules gegen Antaeus, den Riesen aus Libyen. Etwas weiter, auf der linken Straßenseite, zieht mich die Auslage des Hauses Nummer 33 an: ein Monogramm, zwei ineinander verschlungene S, in durchsichtigen Lettern auf Milch-Kulinarik 9 glas. Es ist das Delikatessengeschäft der **Brüder Moreno und Ermes Scubla**. Ein altmodisch anmutender Laden, weiß lackierte Stellagen, beleuchtete Vitrinen, voll mit den Köstlichkeiten Italiens: Extra Native Olivenöle, Balsamico-Essig, Pasta, Reis und Polenta, Grappa und Wein, kandierte Früchte, Gläser mit eingelegtem Gemüse, feinste Schokolade, Trüffelspezialitäten, luftgetrockneter Schinken aus San Daniele und Sauris, allerlei Käse- und Wurstsorten und vieles mehr, was den Gaumen zu beglücken vermag. Seit 1921 gibt es die Antica Drogheria, welche die Brüder von ihrem Vater übernommen haben. Ursprünglich seien hier Kolonialwaren und Putzmittel verkauft worden, erklärt mir der quirlige Moreno und fügt an, die Bezeichnung „Drogheria" habe er beibehalten, weil sie so schön klinge. Nachdem er mich verschiedene Sorten von Ölen hat kosten lassen, holt er mit flinkem Griff ein Fläschchen Aceto di Vincotto N° 8 aus dem Regal, eine Spezialität der Familie Calogiuri aus Apulien, sagt Moreno, schraubt das Fläschchen auf und füllt einen Teelöffel mit dem zähflüssigen, samtschwarzen Essig. Ich koste. Das hat nichts mehr mit üblichem Essig zu tun, das ist ein süßes Wunder mit Himbeergeschmack. Ich kaufe ein Fläschchen und verabschiede mich.

Auf der Piazza Paolo Diacono kehre ich in das **Caffè Longobardo** ein, das größte und schönste Kaffeehaus in der Stadt. Die Fassade des alten Hauses, habe ich erfahren, wurde Anfang der 1920er-Jahre von einem Baumeister namens Morandini im neovenezianischen Stil baulich verändert und wirkt durch ihre Rundbogen-Loggien mit Säulen und Kapitellen sehr elegant. Unter einem überdimensionalen Sonnenschirm nehme ich Platz und bestelle „Alcolico della Casa", ein belebendes Getränk aus Aperol, Campari Bitter und Prosecco. Während ich hier sitze und das Geschrei der Kinder höre, die um den Brunnen toben, aus dessen vier Löwenmäulern das Wasser plätschert, betrachte ich das Ambiente, das sich ohne Weiteres als Kulisse für ein Goldoni-Stück eignen

10 Kulinarik

würde. Der mit Katzenkopfsteinen gepflasterte vieleckige Platz, benannt nach Paulus Diaconus (ca. 725–799), dem Verfasser der berühmten Schrift „Historia Langobardorum“, scheint gleichsam die wechselvolle Geschichte der Stadt widerzuspiegeln: Residenz der langobardischen Fürsten und der Patriarchen von Aquileia, Vertreibung der Langobarden durch Karl den Großen und als „Civitas Austriae“ (woraus sich der Name Cividale gebildet hat) Sitz der fränkischen Markgrafen; Anfang des 15. Jahrhunderts eroberte die Republik Venedig Cividale und am Ende des 18. Jahrhunderts ging die Stadt mit dem Abkommen von Campo Formio zwischen Napoleon und Kaiser Franz II. auf das habsburgische Reich über. Erst nach dem preußisch-österreichischen Krieg im Jahr 1866 wurden Venetien und der Großteil Friauls mit dem Königreich Italien vereint.

In der liebevoll eingerichteten **Enoteca L'Elefante**, die sich an einer Ecke des Platzes befindet, nehme ich einen Imbiss, Bresaola mit Rucola, und dann mache ich mich auf den Weg nach Cormòns. In Manzano zweige ich ab, um einen kurzen Abstecher in den vier Kilometer entfernten Ort Percoto zu machen. Hier, in der Via Aquileia 104, befindet sich Friauls älteste und renommierteste (Kulinarik 11) **Grappabrennerei Nonino**. In dem Familienunternehmen, 1897 von Orazio Nonino gegründet, wird sowohl aus dem Trester der Picolit-Traube als auch aus ganzen Trauben aus besonderen Anbaugebieten (mit der Bezeichnung ÙE®-L'Acquavite d'uva) in speziellen Dampfbrennkolben Traubenbrand vom Feinsten destilliert. So wurde zum Beispiel der Grappa Nonino il Merlot im März 2010 bei der Ultimate Spirits Challenge in New York unter 520 Spirituosen aus 42 Ländern mit dem ersten Preis ausgezeichnet.

Wie eine Braut so duftig und so feurig

Cormòns

„Wie eine Braut so duftig und so feurig
Wie meine Leidenschaft: so glänzt du aus
Dem Becher mir entgegen, süßer Wein."

So beginnt der Lobgesang „An den Wein" des persischen Dichters Hafis, dessen Wunsch es war, in einem Fass voll Wein begraben zu werden. Ich befinde mich in Cormòns, dem Zentrum des Weinbaus im Collio. In der **Casa di Alice** nehme ich Quartier. Das komfortabel renovierte Haus in der Via Ara Pacis, nur ein paar Gehminuten von der Altstadt entfernt, war früher eine Schwefelfabrik, im Ersten Weltkrieg ein Lazarett und danach diente es als Bauernhaus. Die Enkelin des letzten Besitzers, Anna Brandolin, ist nicht nur eine liebenswürdige Hauswirtin, sondern nebenbei Vertreterin für Flaschenkorken und kennt jeden Winzer in der Umgebung; außerdem besitzt sie eine reichhaltige Bibliothek und ist sehr versiert in der Geschichte Cormòns, die eng mit dem Haus Habsburg verbunden ist. Kaiser Maximilian I., der „letzte Ritter", schloss mit dem letzten, kinderlosen Grafen von Görz, Leonhard,

12 Kulinarik

Cormòns. Piazza XXIV Maggio

kurz vor dessen Tod einen Erbvertrag, demzufolge im Jahr 1500 die Grafschaft in das Habsburgerreich eingegliedert wurde. Abgesehen von kurzen Zwischenspielen, einer Besetzung durch Venedig und Napoleon, gehörte Cormòns bis zum Ende des Ersten Weltkriegs zu Österreich. Der Fluss Judrio nahe dem Ortsteil Brazzano bildete die Grenze zum Königreich Italien. An Maximilian erinnert ein lebensgroßes **Bronzedenkmal** vor der Wallfahrtskirche Santa Caterina auf der zentralen Piazza Libertà, das vom Wiener Bildhauer Edmund Hofmann stammt und 1903 errichtet wurde. Anna Brandolin erzählt mir, dass auch heute noch im Zeichen der Nostalgie am 18. August in Giassico, ein paar Kilometer nördlich von Cormòns, der Geburtstag Kaiser Franz Josephs, der hier liebevoll Cecco Beppe genannt wurde, mit viel Tamtam und „Gott erhalte" gefeiert wird. 13 Geschichte

Von der Piazza Libertà wandere ich durch die Via Matteotti (die einst Via Francesco Giuseppe hieß) zur Piazza XXIV Maggio, dem großzügigen, in hellem Kalkstein gehaltenen Hauptplatz, der 1990 vom österreichischen Architekten Boris Podrecca neu gestaltet wurde. An der Ostseite des Platzes steht eine eigenwillige Brunneninstallation, deren diskusförmiges Becken aus einem einzigen roten Marmorblock gefertigt wurde. Auf einem Postament neben dem Brunnen steht die Kopie einer Bronzeskulptur des Cormòneser Bildhauers Alfonso Canciani (1863–1955), die den *Lanciasassi*, den Steinewerfer, darstellt. Dominiert wird der Platz von der Front des Palazzo Locatelli aus dem 18. Jahrhundert, der heute Sitz der Gemeindeverwaltung ist. Gleich daneben befindet sich die **Enoteca di Cormòns**, in der eine erlesene Auswahl an DOC-Weinen (Denominazione di Origine Controllata) von vierunddreißig Mitglieds- 14 Kulinarik winzern aus den Anbaugebieten Collio und Friaul Isonzo sowie lokale Schinken-, Salami- und Käsesorten angeboten werden. Vor der Vinothek stehen ein paar Tische unter Sonnenschirmen; ich setze mich so, dass ich einen Blick über den Platz auf den alten Stadtkern Centa und den Glockenturm des Sant' Adalberto Doms habe. Eine Frau mit brauner Schürze bringt mir die Weinkarte und stellt ein Schälchen mit Knabbergebäck auf den Tisch. Da ich ein Weißweinliebhaber bin, koste ich zuerst einen Friulano aus dem Borgo Savaian, dann bestelle ich ein Probierglas Malvasia aus der Cantina Produttori Cormòns, einen Traminer des Winzers Manzocco und zum Abschluss einen Sauvignon vom Weingut Venturini. Wie heißt es bei Hafis so schön: „Wie eine Braut so duftig und so feurig, so glänzt du aus dem Becher mir entgegen, süßer Wein."

Anna Brandolin, meine rührige Vermieterin, hat mir für den Abend die **Trattoria Al Giardinetto** in der Via Matteotti empfohlen und gleich telefonisch einen Tisch reserviert. Es ist ein wohltuendes Lokal mit anheimelnder Atmosphäre und gediegener Tischkultur, das von Giorgio und Paolo Zoppolatti geführt wird. Einer der Brüder, makellos gepflegt, erklärt mir die Speisekarte und schlägt ein, wie er betont, traditionelles Menü vor: *Pialzòns (Agnolotti friulani) di patate alle erbe e speck d'oca* (Teigtaschen mit Kartoffelfülle, Kräutern und Gänseverhackertem); danach *Blecs di pasta con sclopit noci e prosciutto di San Daniele* (flache Teigflecken mit Leimkraut *[Silene vulgaris]*, Walnüssen und Schinken); dazu trinke ich einen gut gekühlten Ribolla Gialla aus dem Jahr 2009; und statt der Nachspeise genehmige ich mir ein Gläschen Grappa Val di Rose aus Villanova. Alles exzellent!

Kulinarik 15

Zum Abschied fahre ich auf den Hausberg von Cormòns, den 274 Meter hohen **Monte Quarin**. Von der Via San Giovanni zweigt die Straße rechts ab in die Strada Panoramica, die sich zur Wallfahrtskirche Beata Vergine del Soccorso hochwindet. Das Heiligtum der jungfräulichen Maria Hilf, lese ich auf einer Tafel an der Rückseite der Kirche, ließ Baron Luca del Mestri, Pfarrherr von Cormòns und Erzdiakon von Gorizia, im Jahr 1636 erbauen. Zu Fuß erreiche ich die höchste Erhebung des Monte Quarin, wo Überreste einer mittelalterlichen Burg stehen. Unter mir liegt Cormòns, und bis zum Horizont erstreckt sich die friulanische Ebene, die unter einer goldenen Sonne leuchtet. 16 Natur

Pialzòns (Agnolotti friulani)

(Teigtaschen mit Kartoffelfülle)

Zutaten für vier Personen:

Teig

* 450 g Weizenmehl, doppelgriffig (ersatzweise griffiges Mehl)
* 4 Eier
* 1 Schuss Olivenöl
* Salz

Fülle

* 500 g gekochte, geschälte Kartoffeln
* 1 fein gehackte Zwiebel
* 150 g Butter
* 2 EL Kognak
* 3–6 fein gehackte Minzeblätter
* Zimt, Muskat, Salz, Pfeffer aus der Mühle

***

Das Mehl mit den Eiern, dem Olivenöl und etwas Salz (am besten in der Küchenmaschine) gut verarbeiten und zu einem geschmeidigen Teig kneten, den man etwa eine Stunde rasten lässt.
Für die Fülle Kartoffeln durch die Kartoffelpresse drücken und anschließend mit Kognak, Minze, etwas Zimt und Muskat, Salz und Pfeffer würzen. Zwiebel in Butter andünsten, danach zur Kartoffelmasse geben und alles gut vermischen.
Nun den Teig in zwei Hälften teilen und auf einer bemehlten Arbeitsfläche dünn ausrollen. Eine Teigbahn in regelmäßigen Abständen mit kleinen Häufchen (etwa ein TL) der vorbereiteten Fülle belegen, danach das zweite Teigstück darüber legen. Den Teig an den Rändern und rund um die Fülle gut anpressen. Mit einem Teigrad kleine Taschen ausstechen und die Ränder nochmals festdrücken. In einem großen Topf ausreichend viel Salzwasser aufkochen und die Teigtaschen leicht wallend 3–5 Minuten ziehen lassen. Vorsichtig herausheben und gut abtropfen lassen. Nach Belieben mit zerlassener Butter beträufeln und mit frisch geriebenem geräuchertem Ricotta bestreuen.

Crostata al limone

(Mürbteigkuchen [Tarte] mit Zitronen)

Zutaten für vier Personen:

Mürbteig

* 300 g glattes Mehl
* 100 g kalte Butter, in Stückchen
* 70 g Staubzucker
* 1 Prise Salz
* 1 Dotter

Fülle

* 100 g Mandelsplitter
* 120 g Butter
* 3 Eier
* 4 TL Puderzucker
* Saft von 2 Zitronen
* Zitronenschale, gerieben

***

Teig: Butter, Zucker und Salz gut verrühren, das Eigelb hinzugeben und weiterrühren. Das Mehl sieben, auf einmal hineinschütten und nur so lange weiterrühren, bis ein geschmeidiger Teig entstanden ist.
Eingefettete Tarteform mit Teig auslegen und einen Rand formen.
Butter im Wasserbad schmelzen, Zitronensaft und geriebene Schale dazugeben, mit Zucker und Eiern gut vermischen.
Teigboden mit Mandelsplittern belegen, Zitronengemisch darübergießen.
Bei 180 °C ca. 30 Minuten im Backofen backen.

Crostini con patè di radicchio e ricotta

(Geröstete Weißbrotscheiben mit Radicchio und Ricotta)

Zutaten für vier Personen:
* Weißbrotscheiben
* 300 g Radicchio
* 150 g Champignons
* 200 g geräucherter Ricotta
* 2 hart gekochte Eier
* 1 kleines Glas Marsala

***

Radicchio und Champignons putzen, klein schneiden und zusammen mit Eiern und Ricotta im Mixer verquirlen.
Marsala dazugeben und einige Zeit im Kühlschrank ruhen lassen.
Weißbrotscheiben rösten, mit der Masse bestreichen und servieren.

Spigola con Radicchio

(Wolfsbarsch mit Radicchio)

Die Grappabrennerei Nonino hat ein Kochbüchlein herausgebracht, in dem verschiedene Speisen angeführt sind, die mit ihrem speziellen Honig-Destillat „Gioiello“ harmonieren. Zum hier beschriebenen Gericht wird das Destillat aus Erdbeerbaumhonig (Miele di Corbezzolo), *auf 10 °C temperiert in einem eisgekühlten Glas serviert, empfohlen.*

Zutaten für vier Personen:
* 500 g Filets vom Wolfsbarsch
* Salz, Pfeffer, Zitrone, Butter zum Braten
* 2 Köpfe Radicchio
* Meersalz

Marinade
* 1/4 l Olivenöl
* 2 EL Honig vom Erdbeerbaum (Arbutus)
* Thymian, Rosmarin, Pfeffer- und Korianderkörner, Wacholderbeeren, Piment

Sauce
* 1/4 l Rotwein
* 1/4 l Verjus (oder Agrest – Saft von unreifen Weintrauben)
* 1–2 EL süßer Senf
* 1/8 l Olivenöl, Meersalz und Pfeffer aus der Mühle

***

Den Radicchio halbieren, in siedendem Salzwasser blanchieren, in Eiswasser abschrecken und gut ausdrücken.
Aus Olivenöl mit Honig, Thymian, Rosmarin, Pfeffer, Wacholder, Piment, Koriander und Salz eine kräftige Marinade rühren und den Radicchio mindestens einen halben Tag einlegen.
Für die Sauce Rotwein und Verjus dickflüssig einkochen, den Senf hineinrühren, Olivenöl dazugeben und mit Salz und Pfeffer abschmecken.
Die Fischfilets portionieren, mit Salz, Pfeffer und Zitrone würzen. Auf der Hautseite in wenig Butter knusprig braten. Den gebratenen Wolfsbarsch auf der lauwarmen Sauce anrichten und den marinierten Radicchio dazugeben.

Die Knochenburg

Redipuglia

Auf der SS 305 fahre ich gegen Süden und überquere bei Gradisca und Sagrado das breite Flussbett des ruhig dahinfließenden Isonzo. Vermutlich gibt es kaum einen Fluss, dessen Name so oft mit Krieg, mit erbitterten Schlachten in Verbindung gebracht wird. Nach etwa sieben Kilometern erhebt sich auf der linken Straßenseite am Westabhang des Monte Sei Busi Italiens größte mili-
Geschichte 17 tärische **Gedenkstätte Redipuglia**. Gegenüber, auf dem Colle Sant' Elia, wurde 1923 der erste Soldatenfriedhof angelegt, in dem die Überreste der Gefallenen der Schlachten im Karst und am Isonzo, die „Unbesiegten des Großen Krieges", an die dreißigtausend waren es, bestattet wurden. Der unscheinbare Hügel am Rande des Karstes war 1915 von den Österreichern stark befestigt worden; Kompanien italienischer Soldaten rannten dagegen an und starben im Kugelhagel. „Das Drama des Krieges ist der Sturmangriff; die Gewißheit, dem Tod nicht entrinnen zu können, machen die Stunden, die dem Sterben vorangehen, zur Tragödie", schrieb der sardische Schriftsteller und Politiker Emilio Lussu, der als Offizier im Karst und auf dem Hochplateau von Asiago gekämpft

hatte. Auf alten Fotos im Museum der *Terza Armata* sieht man die terrassenförmig in konzentrischen Kreisen angelegten Gräber, versehen mit kleinen Grabmälern, Marterln und Kriegsgerümpel, das auf dem nahen Schlachtfeld im Überfluss vorhanden war. Bei jedem Grab lag eine Tafel mit kurzen Inschriften; zum Beispiel neben einer Rolle Stacheldraht: „Nicht Rost färbte diesen Draht, rot ist er noch von unserem Blut". Die Einweihung der Nekropole am Colle Sant' Elia nahm der ehemalige Kommandeur der III. Armee, Emanuele Filiberto di Savoia, Duca d'Aosta, vor, von dem Emilio Lussu meinte, er sei militärisch nicht sehr begabt gewesen. Dem patriotischen Ereignis entsprechend, schrieb der begeisterte Soldat und Dichterfürst Gabriele D'Annunzio:

> „Non nelle antiche ombre, ne' lunghi chiostri
> dei cimiteri, tra gli usati avelli,
> dove profusa la pietà si prostri;
> ma novel tumulo ad eroi novelli
> diamo ...
> e ciascun nome in pietra si scarbelli."
>
> [„Nicht in antiker Düsternis, in den langen Kreuzgängen
> der Friedhöfe, zwischen den gebrauchten Grabstätten,
> wo vergossnes Mitleid sich verströme,
> sondern neue Grabhügel neuen Helden
> bereiten wir ...
> und jeder Name sei in Stein gemeißelt."]

Den alten Friedhof gibt es nicht mehr. Der Colle Sant' Elia, der heilige Hügel, wurde zum „Park der Erinnerung", dicht bewachsen mit schlanken Zypressen, in dem die Feldgrillen metallisch zirpen. 1936 ordnete der „Duce" und ehemalige Bersaglieri Benito Mussolini die Errichtung eines Monumentalfriedhofs für die Gefallenen der *Terza Armata* auf dem gegenüberliegenden

Monte Sei Busi an. „Ein Volk, das seine Gefallenen vergöttlicht, kann nicht geschlagen werden", postulierte der Duce-Poet Mussolini. Unter der Leitung des Architekten Giovanni Greppi und des Bildhauers Giannino Castiglioni wurde eine gigantische Treppenanlage aus weißem Kalkstein geschaffen, die durch ihre heroische Geometrie und penetrante Künstlichkeit geprägt ist und nirgendwohin führt. Die umfangreichen Bau- und Umbettungsmaßnahmen waren noch nicht abgeschlossen, als das faschistische Regime auf eine baldige Einweihung drängte, nämlich genau zu jenem Zeitpunkt, als der „Duce" nach dem Anschluss Österreichs an Nazi-Deutschland die neuen Aufgaben der italienischen Außenpolitik formulierte. Am 13. September 1938 wurde die „Knochenburg" von Redipuglia im Namen des Königs Viktor Emanuel III., des „Oberhaupts des siegreichen Krieges", und Benito Mussolinis, des „Duce von Italien und Gründer des Imperio", eingeweiht.

Ich betrete die *Zona Sacra* am Fuß der „Heldentreppe" und stehe vor der Grabstätte des Kommandeurs Emanuele Filiberto di Savoia, der hier unter einem fünfundsiebzig Tonnen schweren Monolith aus Porphyr im Kreise seiner fünf gefallenen Generäle beigesetzt wurde. Im Juli 1931, auf dem Sterbebett in Turin, so heißt es, habe der Heerführer gebeten, „unter den Helden der III. Armee" begraben zu werden und so „mit ihnen eine aufmerksame, sichere Wache an den Grenzen Italiens" halten zu können. Nun liegt er hier, der Maresciallo Emanuele Filiberto di Savoia, ein Haufen vermutlich ordengeschmückter Knochen, und es scheint, als würde er eine *Armata dei morti*, eine Armee der Toten, in makelloser Schlachtordnung befehligen.

Die Sonne brennt vom Himmel herab und taucht die

PRESENTE PRESENTE
PRESENTE

zweiundzwanzig Stufen der „Heldentreppe“ in gleißendes Licht. Hier ruhen eingemauert die Überreste von 100 187 *Caduti noti e ignoti, militi invitti*, bekannte und unbekannte Gefallene, unbesiegte Soldaten. Über den zwei Meter hohen Frontseiten der Treppe mit den endlosen Namensreihen prangt in großen steinernen Lettern das Wort PRESENTE, siebenhundertsiebzig Mal, habe ich gezählt. Es bedeutet nicht nur das militärisch knappe „Hier!“ oder „Zur Stelle!“, sondern auch, dass sie, die *Invitti della Grande Guerra*, anwesend sind, dass sie – so oder so – unsterblich sind. Ich betrete die erste Treppe. Dem Soldato Carlo vom 115. Infanterieregiment, von dessen Nachnamen weiter nichts als der Anfangsbuchstabe „A“ übrig geblieben war, gehört die erste bronzene Tafel. Langsam steige ich weiter hinauf zum Buchstaben „P“ und entdecke in der 14. Reihe tatsächlich meinen Familiennamen zwischen Palizzi und Palladini: Soldato Salvatore Palla vom 151. Fanteria, Nummer 1068. Die Reihe der *Caduti noti*, der Bekannten, endet auf der 22. Stufe rechts oben mit Soldato Giuseppe Zuzzi, 15. Bersaglieri, Nummer 39645. Jetzt bin ich ganz oben. Vor mir ragen drei riesige Kreuze aus Bronze in ein lockeres Netz aus Zirruswolken – als Symbol „für das göttliche Opfer und die Hoffnung, zu Gott aufzusteigen“, erklärt ein Prospekt des italienischen Verteidigungsministeriums.

„Und wir,
O Mutter Italien,
wir bieten dir – ohne Furcht
und ohne Bedauern – unser Leben
und unseren Tod.“
(Benito Mussolini)

Ein schauriges Monument faschistischen Größenwahns.

Blecs con radicchio, pancetta e noci

(Teigblätter mit Ragout)

Zutaten für vier Personen:

Teig

* 300 g Weizenmehl (z. B. Farina tipo 00)
* 100 g Maismehl
* 4 Eier
* etwas Wasser
* Salz

Ragout

* 200 g Radicchio
* 100 g Pancetta (gerollter Schweinebauch)
* Rotwein
* 1/4 l Obers
* ca. 50 g gehackte Walnüsse

***

Aus den angegebenen Zutaten einen Nudelteig herstellen. Nach kurzer Rast dünn ausrollen und mit einem Teigrädchen in ca. 3–4 cm große Quadrate (Blecs) schneiden.

Den klein geschnittenen Radicchio in einem Kochtopf nicht zu weich dünsten.

Pancetta würfelig schneiden und in einer beschichteten Pfanne braun braten, dem Radicchio beimengen und mit etwas Rotwein aufgießen. Nach einigen Minuten Nüsse und Obers dazugeben. Köcheln lassen, bis das Ragout etwas eindickt. Mit Salz und Pfeffer abschmecken.

Die Blecs in Salzwasser kochen, abseihen und mit dem Ragout vermischen. Mit geräuchertem Ricotta bestreuen und servieren.

Reise in das zweite Rom

Aquileia

An der Via Giulia Augusta, dieser beeindruckenden Platanenallee, die schnurgerade zur Lagune von Grado führt, liegt Aquileia, mein nächstes Ziel. Der Ort selbst ist wenig reizvoll (Sigmund Freud, der Aquileia zu Ostern 1898 besuchte, bezeichnete ihn als „kleinen Misthaufen"), aber er besitzt ein Prunkstück der Romanik, dessentwegen ich hier vor allem Station mache: das historisch bedeutendste Monument der gesamten Region, die **Basilika** mit dem einzigartigen Mosaikboden. Über die mehr als zweitausend Jahre alte Geschichte Aquileias informierte ich mich in dem beispielhaften Werk von Kristian Sotriffer. Das antike Aquileia entwickelte sich aus einer römischen Militärkolonie zu einem der bedeutendsten Handelszentren des Imperiums, zur Hauptstadt der X. Region „Venetia et Histria". Von hier aus erfolgte die Erweiterung der Reichsgrenze nach Norden und Osten und es wurden in Feldzügen die Histrer (welche die Halbinsel Istrien bevölkerten), die Japyden (die Aquileia angegriffen hatten) sowie die keltischen Stämme der Taurisker und Karner unterworfen. Durch einen Flusshafen war es möglich, auf der Natissa

Geschichte 18

mit Lastenkähnen Gradus (Grado) in der Lagune zu erreichen und damit das offene Meer. Im 3. Jahrhundert breitete sich das Christentum aus, dann kamen Attilas Hunnen (452), Theoderichs Goten (489) und schließlich die Langobarden; mit der einstigen Herrlichkeit war es vorbei. Zurück blieben Reste des Flusshafens, der Stadtmauern, des Forums und zahlreiche architektonische Artefakte, die im Lauf der Jahrhunderte ausgegraben wurden. Erst unter der Herrschaft des Patriarchen Poppo, eines Vertrauten und Dieners Kaiser Konrads II., die von 1019 bis 1042 währte, gewann die Stadt ihre geistliche, fürstliche und politische Macht zurück.

Giuseppe Zigaina, der friulanische Maler und Schriftsteller aus Cervignano, erwähnt in seiner Geschichte „Elisa" ein merkwürdiges Gebäude, das mitten in den Feldern stand und bei dem er als junger Mann auf seinen Radtouren hin und wieder Halt machte. „Das Besondere an dem Gebäude war, einmal abgesehen von der Treppe, ein Portikus, dessen Stil vage an die Renaissance erinnerte und der von einer Glaswand abgeschlossen wurde, sodass er wie ein Glashaus wirkte oder wie ein Wohnzimmer, wie man es im Haus von Handwerkern oft findet." Zigaina war überzeugt, das Haus sei unbewohnt, weil es von Efeu überwuchert war; deshalb machte er sich einmal daran, im Hof von einem hundertjährigen Maulbeerbaum Früchte zu pflücken. Es war aber bewohnt, wie sich herausstellte, von einem Mädchen namens Elisa und ihrem Vater, einem Maler. Bei einem Glas Refosco erfuhr Zigaina, dass dieses Haus der Schwester Napoleons, Marie Anna Baciocchi-Bonaparte, als Sommerresidenz diente. Als ich das las, packte mich die Neugier und ich begann zu recherchieren. Da Zigaina mit dem Rad unterwegs gewesen war, konnte das

Gebäude nur in der Nähe von Cervignano zu finden sein. Und ich fand es. Das Gebäude gehörte einst zur Villa Vicentina unweit von Aquileia, wurde erstmals 1174 urkundlich erwähnt und beherbergte Adlige und Kirchenfürsten. Ferner konnte ich in Erfahrung bringen, dass es heute den Namen **Villa Asiola** trägt und eine Bed & Breakfast-Unterkunft ist. In einem Lebensmittelgeschäft an der Via Gemina am Ortsrand erkundige ich mich danach, und der Ladenbesitzer gibt mir zu verstehen, ich müsse nur ein paar Kilometer weiterfahren und dann nach links abbiegen in eine schmale Schotterstraße zum Borgo Pacco. Eine Bruchsteinmauer umgibt die lang gestreckte, elegante Villa und einen weitläufigen Garten, in dem vereinzelt dekorative Hanfpalmen stehen. Hier werde ich übernachten. Der jetzige Patron, Signore Dalla Costa, erzählt mir bei einem Rundgang, dass er das Landgut vor dem Verfall gerettet habe und in jahrelanger Arbeit die historischen Gemäuer wieder instand setzen ließ.

Kulinarik 19

Über die **Via Sacra** spaziere ich in Richtung des hohen Campanile, dessen schlanke Fiale in der Sonne rötlich schimmert. Der schmale Spazierweg führt durch eine schattenspendende Zypressenallee, entlang des fast völlig zugewachsenen Wasserlaufs der Natissa und den Resten der Hafenanlage des **Porto Fluviale Romano**. Er endet zwischen Buchsbaumhecken hinter der Basilika. Durch den Portikus, der die Basilika mit dem vorgebauten Baptisterium verbindet, betrete ich den weiten, lichtdurchfluteten, nach Osten ausgerichteten Innenraum, der durch mächtige Säulen, die auf Ziegelsockeln ruhen, in drei Schiffe unterteilt wird. Ich schaue zu dem hölzernen, kielförmigen Dachstuhl auf und komme mir vor wie ein Zwerg. Vor meinen Füßen breiten sich sie-

Geschichte 20

Dom von Aquilea

benhundertfünfzig Quadratmeter des größten frühchristlichen Mosaikbodens aus, der bis zu den Stufen des Altars reicht. Von einem gläsernen Laufsteg aus betrachte ich die wunderschönen farbigen Bildwerke. Die erste Szene stellt den Kampf zwischen dem Hahn und der Schildkröte dar. Der Hahn, der morgens kräht, symbolisiert Christus, „das Licht der Welt“; die Schildkröte verkörpert die Finsternis, das Böse. Etwas weiter, zwischen Fischen, Sepien und Vögeln, finde ich in einer Kreisform die Inschrift des Bischofs Theodorus: THEODORE FELI(X) ... („Seliger Theodorus, mit Hilfe des allmächtigen Gottes und der Herde, die dir vom Himmel anvertraut ist, hast du selig dieses Bauwerk vollenden und glorreich Gott weihen können.“) In einem deutschsprachigen Faltblatt, das in der Kirche aufliegt, heißt es, dass diese Inschrift die Datierung des Mosaiks ermöglichte, „da der Name des Bischofs in einem Dokument aus dem Jahre 314 (in den Akten des Konzils in Arles) aufscheint“. Daneben, gegen die Mitte zu, zeigt ein Mosaikfeld eine ausführliche Darstellung der Meereswelt und des Fischfangs, wobei geflügelte Kinder mit Netzen Fische fangen. Die Symbolik weist auf das Matthäusevangelium und die Berufung der ersten Jünger hin („Folgt mir nach! Ich werde euch zu Menschenfischern machen“ 4, 19).

1921 wurde die Basilika von Aquileia Schauplatz eines Films, den ich in einer Retrospektive über die Geschichte Italiens im Wiener Filmmuseum gesehen habe. Noch war die Regierung des Sozialisten Nitti an der Macht, die Faschisten dabei, sich zu organisieren, als vermutlich der erste Staats-Dokumentarfilm durch die Federazione Cinematografica Italiana produziert wurde: *Gloria: Apoteosi del Soldato Ignoto.* Die restaurierte

Filmkopie zeigt, wie am Morgen des 28. Oktober 1921 eine einfache Frau aus Gradisca, Maria Bergamàs, durch ein dichtes Spalier von schwarz gekleideten Menschen die Basilika betritt. Sie hatte ihren Sohn im „Großen Krieg“ verloren und war auserwählt worden, jenen Unbekannten Soldaten zu bestimmen, der nach Rom überführt werden wird. Vor ihr vor dem Altar liegen elf Särge mit den sterblichen Überresten gefallener Soldaten, von denen man lediglich weiß, auf welchen Schlachtfeldern sie ihr Leben gelassen hatten. Aus Weihrauchbecken steigen Rauchspiralen auf und verleihen dem Kircheninneren eine gespenstische Atmosphäre. Maria Bergamàs wählt einen Sarg aus, kniet davor nieder und faltet ihre Hände zum Gebet. Auf einem von Blumengirlanden und Lorbeerkränzen überquellenden Waggon eines Sonderzugs verlässt der Sarg Aquileia und wird auf seiner Fahrt in allen Stationen, in denen der Zug hält, mit heftigen Gefühlsäußerungen empfangen. In Rom wird der Sarg in einem pompösen Staatsakt am „Altar des Vaterlandes“ auf dem Il Vittoriano eingemauert. Zwei Jahre später wurde Maria Bergamàs, die „Mutter des Unbekannten Soldaten“, eingeladen, an der Einweihung der „Knochenburg“ von Redipuglia teilzunehmen.

Von Aquileia unternehme ich einen Ausflug an die Natur 21 Mündung der Flüsse **Aussa und Corno** in die Lagune. In Richtung Cervignano fahre ich bis Terzo, biege rechts ab nach San Martino und erreiche auf der SP 81 Muruzzis. Links und rechts der Straße erstrecken sich fruchtbares Land, ausgedehnte Weingärten und geometrisch angeordnete Äcker, von Pappelreihen durchzogen. Nach Salmastro erreiche ich einen Jachthafen, der an einem Seitenarm der Aussa liegt. Dort parke ich mein Auto. Auf einem mit hohem Gras überwucherten Damm mar-

Flussmündung von Aussa und Corno mit Blick auf Porto Buso

schiere ich bis zur Flussmündung, deren Uferböschung mit groben Steinblöcken befestigt ist. Vor mir liegt die weithin ausgedehnte Lagune von Grado und Marano. Das taubengraue Wasser bewegt sich kaum und erweckt den Anschein von gespanntem Seidenpapier. Mein Blick folgt der Fluchtlinie der Dalben, die zur Isola di S. Andrea und Porto Buso weisen.

Von der Flussmündung wandere ich auf dem Damm weiter, der die Lagune vom Ackerland trennt. Schilf, Tamarisken und Brombeersträucher säumen den schmalen Weg, es riecht nach brackigem Wasser und frisch gemähtem Gras. Als ich eine schöne Allee mit Pinien erreiche, die querab zu einem Gehöft führt, verlasse ich den Damm und genieße den Schatten unter den malachitgrünen, pilzförmigen Baumkronen. –

„Die Zikaden brennen im Pinienhain
und schauen die Pinien an in der Glut.
Deine Gegenwart im Lichtschein,
deine lautlosen Schritte auf Piniennadeln,
diese Geburt neuer Abdrücke:
Zeichen, die sich sicher vereinigen
in den alten Beeten der Zeit.
Blaue Versprechungen des Meeres
sanft segelnd
dringen sie durch die Glut. Diese
Schritte von dir, die Flüge unserer Schwingen:
im Pinienhain brennen die Zikaden."
(Angelo Pittana: „Die Zikaden im Pinienhain")

Trotelle con funghi porcini

(Forellenfilets mit Steinpilzen)

Zutaten für vier Personen:

* 8 kleine oder 4 große Forellenfilets
* 1/4 l Weißwein
* Salz, Pfeffer, Thymian
* 400 g frische Steinpilze
* 1–2 Knoblauchzehen
* 2 EL Olivenöl
* 1 Bund Petersilie
* 50 g Butter

* * *

Die Forellenfilets etwa eine Stunde im Weißwein marinieren, der mit Salz, Pfeffer und Thymian gewürzt ist. Die Steinpilze in Scheiben schneiden, mit dem fein gehackten Knoblauch in einer Pfanne in heißem Öl dünsten, mit Petersilie bestreuen und noch ein paar Minuten köcheln lassen.

Die Forellenfilets werden in zerlassener Butter langsam auf kleiner Flamme gebraten, dann fügt man die Marinade hinzu und lässt sie bei größerer Hitze etwas einkochen. Serviert werden die Forellen, mit Steinpilzen bedeckt, auf einer Platte und mit etwas zerlassener Butter beträufelt.

Grado – L'Isola d'Oro

Wallfahrt „Perdòn de Barbana" – Lagune – Safon – Anfora

Mein Besuch in Grado gilt vor allem der alljährlich am ersten Sonntag im Juli stattfindenden Wallfahrt nach der Kirche Santa Maria di Barbana. Vergebung heißt Geschichte 22 dieses Fest, **„Perdòn de Barbana"**. Die Kirche und das angeschlossene Franziskanerkloster befinden sich auf der grünen Insel Barbana im Herzen der Lagune, nordöstlich von Grado. Ihre Gründung geht auf eine Legende zurück, wonach im Jahr 582 eine Sturmflut die Lagune heimgesucht habe. Dabei sei eine hölzerne Marienstatue nahe der Hütte des Eremiten Barbano angeschwemmt worden – ein Zeichen des Himmels, das den Patriarchen von Aquileia, Elias, veranlasst habe, eine Kapelle und ein Kloster zu Ehren der Gottesmutter auf der Insel errichten zu lassen. Die Kirche in der heutigen Form ist ein Neubau, der 1924 geweiht wurde. Die Schiffsprozession „Perdòn de Barbana" findet seit dem Jahr 1237 statt, um das alte Gelübde an die Jungfrau Maria zu erneuern, die damals Grado vor einer grassierenden Pestepidemie bewahrt haben soll.

Kulinarik 23 In der **Villa Marin** habe ich ein Zimmer mit Balkon im letzten Stock bezogen mit herrlichem Rundblick auf die Lagune. Das Haus liegt direkt an der Dammpromenade, welche die Altstadt zum Meer hin abschirmt, und wird von der Familie Marin (sie ist nicht mit dem Dichter Biagio Marin verwandt) liebevoll geführt. Es ist Samstag, der Tag vor dem großen Fest. Im kleinen Hafen, dem Porto Mandracchio, gleich neben dem alten Ortskern, sind die Fischer dabei, ihre Kutter mit Girlanden aus vielfarbigen Signalflaggen zu schmücken. Ich spaziere entlang des Hafenbeckens und bleibe vor dem Kutter *Stella del Mare* stehen, der in diesem Jahr (2011) die hohe Ehre hat, die Prozession anzuführen und die Statue der Jungfrau Maria mit dem Jesuskind im Arm nach Barbana zu geleiten. Auf dem Deck des weiß-blau gestrichenen Schiffes hat man zwei Maste errichtet, an denen Signalflaggen, die Trikolore und die Fahne Grados aufgezogen wurden. Einige Frauen sind damit beschäftigt, an den Bordwänden Blattgirlanden und am Dollbord Sträuße von weißen Rosen zu befestigen.

Es ist kurz nach Mittag, Grado hält Siesta, und ich beschließe, jene Orte aufzusuchen, die an den großen Gradeser Dichter Biagio Marin erinnern („Ich sollte die Stimme meiner Insel, die Stimme Grados sein, und sonst nichts"). Marins Gedichte, heißt es im Nachwort zum Lyrikband „Der Wind der Ewigkeit wird stärker", sind in der „Dialektsprache der Adriainsel Grado geschrieben, in der Großmutter- und Muttersprache, in der Nachtigall- und Amselsprache, Rosmarin- und Rosensprache, Bäche- und Wiesensprache, sie sind geschrieben mit sehr nahen Worten, und handnah ist diese Welt". Claudio Magris, der bekannte Triester Germanist und Schriftsteller, würdigt Marin in seinem Buch „Die Welt en gros und en détail" mit der Feststellung: „Grado ist eine literarische Landschaft, dank der Lyrik Biagio

Marins, der einen poetischen Mythos aus ihr gemacht hat."

Ich beginne beim Haus in der Calle Androna della Chiesa, wenige Schritte entfernt von der Kirche Santa Maria delle Grazie, in dem der Dichter am 29. Juni 1891 zur Welt kam. („Unser Haus war eine Osteria. Sie blieb im Verborgenen an der Seite der kleinen Basilika Santa Maria am Ende einer winzigen Gasse, die in einen sehr kleinen Campiello mündete.") Marin erlebte die Stadt als Teil des habsburgischen Österreichs und als mondänen Kurort. Er wuchs zweisprachig auf, besuchte das Staatsgymnasium in Görz, studierte Philosophie in Florenz wie auch in Wien und promovierte in Rom. „Marin hat zutiefst den tragischen Zwiespalt empfunden", schreibt Claudio Magris, „der dem Leben und seinem Lauf immanent ist, seinem Entstehen und Vergehen; er hat ihn auf philosophischer, auf religiöser, auf historischer Ebene empfunden, auch im Drama des östlichen und adriatischen Italien, dessen Zeuge und Mitakteur er war, vom Ersten Weltkrieg über die Parteinahme für den Faschismus bis zum Anschluß an den Widerstand und zur äußerst schwierigen Nachkriegszeit." Marin blieb jahrelang seiner Insel fern. 1965 kehrte er nach Grado zurück, wo er in einem Haus am Meer bis zu seinem Tod am 24. Dezember 1985 wohnte. In einer Hommage an seine „kleine Insel" schrieb der Lyriker:

„Das Meer liebkost sie immerfort
und verzehrt sie liebevoll,
vergeht alsdann die Bitterkeit,
so kehrt die Heiterkeit zurück.
Und die Winde legen sie so hin nackt ins Blaue
im Glück sie anzuwehen
mit Munden reiner Luft."

Über die Piazza Duca d'Aosta erreiche ich die Via Marchesini. An der Nummer 43 kündet eine Marmortafel am Eingang in einen Vorgarten, den eine dichte Hecke umgibt: **La Casa di Biagio Marin**. Zwei hochgewachsene Pinien und ein Feigenbaum stehen vor der stattlichen Villa, deren rostbraune Fensterläden geschlossen sind. Die angrenzende Stadtbücherei ist nach Marins einzigem Sohn Falco benannt, der 1943 als Soldat gefallen ist, und beherbergt Marins Nachlass und seine private Bibliothek. 24 Geschichte

Mein nächstes Ziel ist der Parco delle Rose östlich des Zentrums an der Viale del Sole, den Marin als Direktor der Bäder- und Kurgesellschaft geplant hatte. Hier wurde zur Hundertjahrfeier des Dichters ein schmuckloses Denkmal errichtet, eine marmorne Stele mit einem viereckigen Fenster, darin der übermäßig große Kopf mit wächsernem Ausdruck. Danach marschiere ich den Canale dei Moreri entlang bis zur Brücke, die zum Friedhof führt. Das (im Vergleich zu anderen Familiengräbern) einfache **Grab des Poeta und seiner Ehefrau Pina** ist mit Stein eingefasst, bepflanzt mit Efeu und einem Bäumchen. In ein aufgeschlagenes Buch aus Bronze am Fuß des Grabes ist ein Bittgebet Marins an die Jungfrau Maria eingeschrieben. 25 Geschichte

Am Abend wird vor verschiedenen Vereinslokalen, wie jenen der freiwilligen Blutspender oder der Marineveteranen, kostenlos Wein ausgeschenkt, Schinken, Käse, Pasta auf Papptellern gereicht und berührend gesungen. Auf Einladung des Vorsitzenden der Vereinigung „Graisani de Palù", Giorgio Pastoricchio (den ich schon von Wien aus kontaktiert hatte), stehe ich vor deren Lokal in der engen Calle Merlato 1 inmitten einer Traube von Menschen. Aus einem Fenster neben der Eingangstür werden pausenlos Becher mit Rotwein herausgereicht, nach denen Hände hastig greifen. Dazu gibt es gebratene Sardinen. Auch sie finden rasch Abnehmer. Der Abend ist lau, die Stimmung laut und vergnügt. Von der Calle Merlato eile ich zur Dammpromenade, wo unweit der Piazza Marin zum Ausklang des Tages ein Feuerwerk abgebrannt wird. Alle paar Sekunden schießen Raketen pfeifend in den Nachthimmel, aus denen vielfarbige Feuersträuße krachend hervorbrechen, die sich im dunklen Wasser der Lagune spiegeln.

Sonntag, Tag der großen Bußprozession nach Barbana: Nach einem morgendlichen Festgottesdienst in der
Kultur 26 **Basilika Sant'Eufemia** wird die Statue der bekrönten Muttergottes mit dem Kind, die auf einem reich verzierten und von Engeln flankierten Thron sitzt, auf den Schultern von acht Männern in weißen Hemden, Hosen und Handschuhen durch ein Spalier von Carabinieri in Galauniformen aus der Kirche getragen. Angeführt von einem Kreuzträger, den Honoratioren und dem Klerus, bewegt sich der feierliche Umzug durch die Gassen der Altstadt zum Hafen. Dort wird die schwere Statue an Deck des Kutters *Stella del Mare* gehievt. Mit dem weithin hörbaren Ausruf „In nome de Dio, avanti!" legt der Kutter ab und steuert in den Kanal, der in die Lagune führt; die anderen fahnengeschmückten Fischerboote folgen. Dicht gedrängt stehen die Zuschauer rund um das Hafenbecken sowie entlang des Kanals und applaudieren, als die Boote vorbeiziehen.

Kultur 27 Die **Insel Barbana** ist aus der Ferne schön – die Wallfahrtskirche, deren Kuppel Patina angesetzt hat, der Campanile, der aus dem dichten Grün der Pinien, Ulmen und Zypressen ragt. Ich erreiche mit dem *Motoscafo* Barbana, wo sich bereits eine große Zahl von

Menschen versammelt hat. Zunächst besuche ich die Kirche; neugierig betrachte ich eine Vielzahl von Votivtafeln an den Wänden, die von Unglücksfällen und Katastrophen berichten, die auf wundersame Weise abgewendet wurden. *Per Grazia Ricevuta*, „Dank der Gnade" überlebte zum Beispiel Eugenio Altran aus Ruda als politischer Häftling Nr. 30763 das Konzentrationslager der Nazis; überlebte ein Kind, Alida Rigonat, als es 1944 von einem Pferdefuhrwerk überrollt wurde; überlebten die Fischer von sechsundfünfzig Booten einen wütenden Wirbelsturm, der sie in der Nacht des 3. Juli 1925 überrascht hatte.

Ein paar Meter entfernt von der Kirche ist inzwischen im Freien unter Platanen die Marienstatue auf ein Podest gestellt und daneben ein kleiner Altar errichtet worden, um den sich die Gradeser andächtig zur Messe versammelt haben: „Vergine Maria, Madre di Dio e Madre nostra, Regina della Laguna!" Vom südlichen Rand der Insel, etwas abseits der vielen Menschen, blicke ich hinüber nach Grado, zum *anzolo*, der Bronzefigur des Erzengels Michael auf der Spitze des Campanile von Sant'Eufemia, deren Silhouette sich dunkel gegen den Himmel abzeichnet.

Gegen Abend kehre ich nach Grado zurück und versuche, in der **Trattoria Alla Vittoria**, gleich neben der Ausgrabung der frühchristlichen Basilica del Campo auf der Piazza Marin, einen Tisch im Freien zu bekommen. Alle Tische sind besetzt. Signore Marocco, der Chef des Hauses, bedeutet mir freundlich, ein wenig zu warten. Es dauert nicht lange, und ich bekomme einen Tisch. Der Juli ist der Monat des *Pesce Azzurro*, worunter jene Fische zu verstehen sind, wie mir erklärt wird, die in der oberen Adria gefangen werden und als beson-

Kulinarik 28

STELLA DEL MARE

Votivtafeln im Inneren der Wallfahrtskirche von Barbana

ders schmackhaft gelten. Ich entscheide mich für *Sardine al finocchi*, Sardinen mit Fenchel, die mit Crostini serviert werden. Dazu trinke ich den Hauswein, einen leichten, trockenen Malvasia. Ein gepflegtes, empfehlenswertes Lokal mit aufmerksamer Bedienung.

„An einem klaren Tag Ende September fuhren wir auf dem Canale della Schiusa hinaus: an einem jener Tage, die sich auf immer und ewig dem Gedächtnis einprägen." Wir, das sind der bereits erwähnte Künstler Giuseppe Zigaina und sein Freund Pier Paolo Pasolini. Mit Zigainas Motorboot *Istanbul* waren die beiden von Grado zu einem Ausflug in die Lagune aufgebrochen, an den sich Zigaina in seiner Erzählung „Medea" erinnerte. Es war schon später Nachmittag, als sie auf der um diese Jahreszeit verlassenen Insel Anfora Rast machten, das Obst aßen, das sie mitgenommen hatten, und dazu Wein tranken. Pasolini genoss die Stille, betrachtete die Inseln und Sanddünen im trüben Wasser und sagte: „Hier werde ich Medea drehen!" Im Jahr darauf kehrte er zurück, um in der Nähe der Insel Anfora einen Drehort für die ersten Filmsequenzen zu suchen. Den fand er auf der winzigen Insel Safon, wo weiter nichts als ein *Casone*, eine primitive Hütte aus Holz, Schilf, Weidenruten und Stroh stand, umgeben von Tamarisken, die einst als Windschutz gepflanzt worden waren. Genau der archaische, mythische Ort, den er gesucht hatte; die Heimat des Zentauren Chiron. Im Sommer 1969 begannen die Dreharbeiten zu „Medea", nach der gleichnamigen Tragödie des Euripides. Als Darstellerin der Medea hatte sich Pasolini für Maria Callas entschieden, für deren Wahl, wie der Pasolini-Biograf Enzo Siciliano meinte, sowohl künstlerische als auch kommerzielle Motive sprachen. Die Callas hatte, auch nach ihrem Abschied von der Opernbühne, beim Publikum noch immer einen glänzenden Namen. Während der Dreharbeiten fuhr Zigaina die Callas jeden Tag in seinem Boot von Grado zum Set nach Safon. Sie hatte ihn darum gebeten, so Zigaina, „denn sie wollte beizeiten ihr Kostüm [aus rauhem, schwarzem Tuch, das schwer von Gemmen und Steinen war] tragen, um darin zu ‚leben', wie sie sagte". Die „Primadonna assoluta" war, wie Zigaina bemerkte, einfach und freundlich, eine schöne Frau, zwar hochmütig, aber Pasolinis sanfte Art entwaffnete sie. Zigaina und die Callas wurden rasch Freunde, wie er schrieb, „wenn nicht sogar Komplizen. Denn sie wartete geradezu auf Vertraulichkeiten, forderte sie ein. Und das wußte Pasolini. Unsere Freundschaft beruhte auf Zuneigung, die wir beide für ihn empfanden".

Obwohl der Tag nach der Wallfahrt nach Barbana ein verhangener ist, nehme ich mir vor, eine Bootsfahrt
Natur 29 in die westliche **Lagune** zu unternehmen und die
Natur 30 **Insel Safon**, den Medea-Drehort, zu besuchen. Mota Safon, wie man hier sagt, ist heute im Besitz von „Graisani de Palù", einer Vereinigung zur Bewahrung der Lagune. Von Giorgio Pastoricchio, dem Vorsitzenden, habe ich die Erlaubnis eingeholt, die Insel zu betreten. Am Porto Mandracchio im Zentrum von Grado gibt es zwei Bootstaxis der Brüder Corbatto, die für Ausflüge in die Lagune zur Verfügung stehen. Mit Andrea Corbatto vereinbare ich die Route, die etwa fünf Stunden dauern wird. Wir verlassen Grado durch den Kanal, an dessen beiden Seiten vertäute Fischkutter dümpeln. Vor der Insel Pampagnola liegen, wer weiß, wie lange schon, einige gestrandete *burchi*, Lastkähne, von denen nur mehr die Spanten wie Skelette aus dem seichten Wasser ragen. Wir nehmen Kurs auf den San-Pietro-Kanal. Die

Pier Paolo Pasolini und Maria Callas

grauweiß marmorierten Wolken hängen tief, wir fahren gegen den Wind, der die bleiche Wasseroberfläche zu spitzen Wellen aufwirft. Rechts von uns passieren wir eine *briccola*, eine Dalbe aus drei Pfählen, auf der eine weiße Statue der Muttergottes, Beschützerin der Fischer, steht. Sie trägt auf ihrem Haupt einen Lichterkranz, der von einer Solarzelle gespeist wird. Nach der Insel Ravaiarina gelangen wir in die Litoranea Veneta, die rechts und links mit Dalben markierte Wasserstraße, die nach Venedig führt. Auf den Dalben haben sich vereinzelt Silbermöwen niedergelassen. Unser Boot gleitet mit sanftem Rauschen an zahllosen *tapi* vorbei, sumpfige Inselchen, die sich nur wenig über den Wasserspiegel erheben, auf denen Salzpflanzen, sogenannte *Halophyten*, wie Salzmieren, Queller oder Strandflieder, wachsen. „Fiuri de tapo", Blumen des Tapo, hieß der erste Lyrikband Biagio Marins, der 1912 in Görz erschien und dessen gleichnamiges Gedicht von Luigi Dallapiccola für Klavier vertont wurde. Auf den *tapi* rasten Kolbenenten, erkennbar an ihren karminroten Schnäbeln, stelzen Braune Sichler, deren Flügel metallisch glänzen, und weiß gefiederte Seidenreiher. Ich kann mich nicht satt sehen an dieser stillen, unwirklich anmutenden Welt, diesem einzigartigen Labyrinth aus Sand- und Schlammbänken, aus brackigen Tümpeln, aus größeren und kleineren Inseln, auf denen hin und wieder *Casoni* stehen, aus Kanälen, den *fose*, durch welche die Flut in die Lagune eindringt und sich mit dem Süßwasser vermischt.

Wir erreichen den Canale Anfora Vecchia gegen Mittag, Andrea Corbatto deutet auf eine Insel, die sich in der Ferne abzeichnet, und sagt: „die Pasolini-Insel", also Mota Safon. Mit gedrosseltem Motor laufen wir in eine kleine, u-förmige Bucht ein und machen an einem Landungssteg fest. Das GPS-Gerät an Bord zeigt die Koordinaten: 45°43’ nördliche Breite, 13°16’ östliche Länge. Ein hölzernes Schild „Graisani de Palù“, eine Fahnenstange, an deren Fuß ein ausgeblichener roter Rettungsring steht sowie ein Anker, an dem ein dickes Tau herunterhängt; eine Tafel mit der Benutzungsordnung und dem Hinweis: *Mota Safon – un isolotto vicino a Porto Buso nel comprensorio „fondào de’ la silisa“ o laguna della rondine.* Die Insel, kaum vierhundert Quadratmeter groß, wirkt gepflegt, der Rasen ist kurz geschnitten, die beiden rechteckigen *Casoni* haben gemauerte Wände und Spitzdächer aus Schilfrohr. Bei einem Rundgang beobachte ich zwei Stelzenläufer, die am sumpfigen Ufer mit ihren nadelfeinen Schnäbeln nach Nahrung stochern und auffliegen, als ich mich nähere. An den Tamarisken, die rund um die Insel wachsen, hängen Fischernetze und Reusen, sackartige Netze, mit denen bestimmte Fischarten gefangen werden. Hier also hatte Pasolini im Sommer vor zweiundvierzig Jahren mit seinem Stab, darunter Kameramann Ennio Guarnieri, Sequenzen zu „Medea“ gefilmt. Im Film ist Mota Safon der Ort, an dem der Zentaur Chiron lebt (im Mythos ist es eine Höhle des Berges Pelion). Chiron (dargestellt von Laurent Terzieff), Sohn des Titanen Kronos und der Philyra, ein Fabelwesen halb Mensch, halb Pferd, weise und gelehrt, unterweist in einer Szene den jungen Jason, seinen Schüler: „Alles ist heilig, alles ist heilig, alles ist heilig. Nichts Natürliches ist an der Natur, mein Junge, denke immer daran. Wenn die Natur dir natürlich erscheinen wird, dann wird alles zu Ende sein – und etwas anderes beginnen. Leb wohl, Himmel, leb wohl, Meer!“

Nicht weit von Mota Safon entfernt liegt die **Insel** 31 Natur

Anlegestelle auf Mota Safon

Anfora, die durch einen Kanal von Porto Buso getrennt ist. Bis zum Ersten Weltkrieg verlief hier die Grenze zwischen der Donaumonarchie und dem Königreich Italien. Nach der Kriegserklärung Italiens an Österreich-Ungarn im Mai 1915 beschoss ein italienisches Torpedoboot die Zollstation auf Anfora, worauf die Österreicher den Posten aufgaben und sich nach Grado zurückzogen.

Biagio Marin schrieb in einem Aufsatz, der in der Prosasammlung „L'Isola d'Oro" 1934 veröffentlicht wurde: „Kein Seeufer, kein Hügel hat einen weicheren Sand als die Anfora-Insel, wo der vom Meer kommende und nach Osten abbiegende Kanal seinen feinsten Sand anhäuft. Ein altes Fischergeschlecht lebt auf der Insel. Ihre unbeholfenen und ungeschickten Bewegungen und ihre erloschenen Augen verraten ein seit Jahrhunderten armselig verbrachtes Leben in totaler Abgeschiedenheit." Heute ist die Insel ein beliebtes Ausflugsziel, vor allem wegen der urigen **Trattoria Ai Ciodi**, die sich 32 Kulinarik
unweit der Anlegestelle befindet. Die Spezialität des Hauses sind natürlich Fisch- und Muschelgerichte. Unter Ulmen nehme ich an einem der langen Holztische Platz und bestelle *Boreto*, den traditionellen Gradeser Fischtopf, der hier mit Aal zubereitet und mit gebratenen Polentascheiben serviert wird.

Die Polenta aus Maisgrieß ist eine für das Friaul typische Speise. *Granoturco*, türkischer Weizen, nannte man früher den Mais, der aus der Neuen Welt nach Europa kam. Aus seinem Mehl wird seit dem 16. Jahrhundert ein süßlich schmeckender, fester Brei, die Polenta, zubereitet, die vor allem Grundnahrungsmittel der ärmlichen Landbevölkerung war. In die Kunstgeschichte eingegangen ist die Polenta durch ein Gemälde des venezianischen Rokokomalers Pietro Longhi aus dem Jahr 1740. Es zeigt zwei Frauen und zwei Männer um einen Tisch. Eine der Frauen löffelt goldgelbe Polenta aus einem Kupferkessel auf einen Teller, wozu einer der Männer mit verzückter Miene Laute spielt.

Die zinngrauen Wolken hängen noch immer tief, als wir von der Insel Anfora die Heimfahrt antreten, diesmal über das offene Meer mit dem Wind im Rücken. Am Ende des Porto Buso-Kanals schlägt *Capitano* Corbatto einen südöstlichen Kurs ein und erhöht die Geschwindigkeit des Bootes. Mit schäumendem Kielwasser passieren wir die lang gestreckten Sandbänke Banco d'Orio und Banco dei Trattauri, das Leuchtfeuer nach La Fosa und laufen kurz danach in den Hafen von Grado ein.

Sardine al finocchio

(Sardinen mit Fenchel)

Zutaten für vier Personen:

* 800 g große, frische Sardinen, küchenfertig
* 2 Fenchelknollen
* 125 ml Weißwein
* 3 Knoblauchzehen, fein gehackt
* 5 EL Olivenöl
* einige Blätter Minze
* Saft einer Zitrone
* Meersalz und Pfeffer aus der Mühle

***

Die ausgenommenen Sardinen gründlich abspülen, innen und außen salzen und auf einen Teller legen. Den Knoblauch mit Olivenöl und Minze vermischen und über die Fische geben, den Wein zugießen und zugedeckt 2 Stunden ziehen lassen.

In einem Topf etwa 1 l Wasser zum Kochen bringen, gut salzen und die Fenchelknollen 5 Minuten darin blanchieren. Herausnehmen, abtropfen lassen und in 2 cm dicke Scheiben schneiden, salzen und pfeffern. Sardinen aus der Marinade nehmen und in wenig Öl mit den Fenchelscheiben etwa 10 Minuten anbraten. Dabei mehrmals mit der Marinade bestreichen und einmal wenden. Vor dem Servieren mit Zitronensaft beträufeln und pfeffern.

Boreto nach Gradeser Art

(Fischtopf nach einem alten Kochbuch)

Zutaten für vier Personen:
* 1 kg Aal
* 5–6 EL Olivenöl
* 4 geschälte, geviertelte Knoblauchzehen
* 500 ml Wasser
* 100 ml Weißwein
* Weißweinessig
* Meersalz und Pfeffer aus der Mühle

***

Die Bauchhöhle des ausgenommenen, enthäuteten Aals sorgfältig unter fließendem Wasser auswaschen und den Fisch in etwa 5 cm große Stücke schneiden.
In einem entsprechend großen Topf das Olivenöl erhitzen, den Knoblauch darin anbraten, bis er braun ist, dann herausnehmen.
Die Fischstücke beidseitig anbraten, salzen und reichlich pfeffern. Mit Essig ablöschen, wenn dieser eingekocht ist, mit Wasser und Wein auffüllen und etwa 10 Minuten zu einer sämigen Sauce eindicken lassen.
Boreto kann auch mit gemischten Fischen, z. B. Steinbutt, Wolfsbarsch, Dorade und Drachenkopf, zubereitet werden.

Strozzapreti con salsiccia

(Kleine, länglich eingerollte Nudeln mit Wurst)

Zutaten für vier Personen:

* 250 g Strozzapreti – fertig kaufen
* 1 Zwiebel
* frischer Thymian und Rosmarin
* 250 g Salsiccia (grobe, pikant gewürzte Wurst)
* 1 Dose geschälte Tomaten (Pelati)
* Lorbeerblätter
* Rotwein
* Salz, Pfeffer

***

Zwiebel fein hacken und anrösten. Frischen, fein gehackten Thymian und Rosmarin dazugeben.
Salsiccia von der Haut befreien, klein hacken, anbraten und mit der Zwiebelmischung dünsten.
Zerkleinerte Pelati (nicht zu dünnflüssig) dazugeben, mit Lorbeerblättern ca. 1½ Stunden köcheln, mit Rotwein aufgießen, mit Thymian, Salz und Pfeffer würzen.
Strozzapreti al dente kochen und abseihen, Sugo dazu und ca. 10 Minuten weiterköcheln.

Polenta con Speck e Montasio

(Polenta mit Speck und geschmolzenem Montasio-Käse)

Zutaten für vier Personen:
* 4 dickere Scheiben fertige Polenta
* 8 kleine Scheiben Speck
* 4 Scheiben junger Montasio oder Latteria
* Butter, Schnittlauch

***

Polentascheiben in einer Pfanne in etwas Butter beiderseits anbraten. Eine feuerfeste Form mit Butter ausstreichen, die Polentascheiben hineinlegen und jede Scheibe mit Speck und Käse belegen. Im Backofen bei 200 °C fünf Minuten überbacken. Mit klein gehacktem Schnittlauch bestreuen.

Sacile – Giardino della Serenissima

Villa Manin – Casarsa della Delizia – Vogelmesse in Sacile

August. Ich bin unterwegs nach Sacile, einer kleinen Stadt westlich von Pordenone an der Grenze zu Venetien, durch die der Fluss Livenza mit mattgrünem Seegrasbewuchs mäandert. Mit seinen venezianisch beeinflussten Palästen und Laubengängen ist Sacile gewiss einer der reizvollsten Orte in Friaul (der deshalb den Beinamen „Garten der Markusrepublik" erhielt). Alljährlich findet hier am ersten Sonntag nach Mariä Himmelfahrt eine spektakuläre Vogelmesse statt, die *Sagra dei Osei*, zweifellos die älteste Veranstaltung dieser Art; 2011 ist es die 738ste, von der ich später ausführlich berichten werde.

Von Udine nehme ich die SS 13 in Richtung Codroipo, zweige kurz davor nach Passariano ab, eine kleine Ortschaft, in der sich das eindrucksvolle architektonische Schmuckstück der Region befindet: die **Villa Manin.** 33 Kultur
Ludovico I., aus dem venezianischen Adelsgeschlecht Manin, ließ den Prachtbau im 17. Jahrhundert erbauen; ein sichtbarer Ausdruck von Macht und Reichtum der

Familie Manin, der das Bauwerk als Landsitz, für große Festlichkeiten, Empfänge, Theateraufführungen und Konzerte diente. Der italienische Schriftsteller Carlo Goldoni bezeichnete die Villa Manin mit ihrem herrlichen Park als „Ort, der eines Königs würdig ist“. Eine lange Allee bildet die Zufahrt und zugleich die Mittelachse der weitläufigen Anlage, die aus einem zentralen Hauptgebäude und zwei rechtwinkelig angeordneten Flügeln mit hohen Bogengängen (sogenannten *Barchesse*) besteht, die als Wirtschaftsräume und für landwirtschaftliche Tätigkeiten genutzt wurden. Im rechten Flügel liegt die zum Dorf hin orientierte Kapelle, die dem hl. Apostel Andreas geweiht ist und von Domenico Rossi (dem Hausarchitekten der Manin) entworfen wurde. Hier beginne ich meinen Rundgang. Durch die Sakristei betrete ich den achteckigen Raum, der in üppigem Barock gestaltet wurde und die übrigen Räume der Villa an Prunk übertrifft; besonders gefallen mir die feinen *Stucco lustro*-Dekorationen und der raffiniert komponierte Fußboden aus fuchsrotem, elfenbeinfarbenem und schwarzem Marmor. Am Ende des rechten Bogenganges gelange ich in den Eingangsbereich des Hauptgebäudes, in einen Saal mit Fresken in schrillen Farben des französischen Malers Louis Dorigny, der auch für andere venezianischer Patrizierfamilien in der Terraferma gearbeitet hatte. In der Mitte des Erdgeschoßes befindet sich der Festsaal, der bis in das nächste Stockwerk hinaufreicht, mit Balkonen und einem riesigen Kronleuchter aus Muranoglas. Danach betrete ich die *Stanza di Napoleone*, Napoleon Bonapartes Zimmer: ein hoher, mit Stuckarbeiten verzierter Raum, der Fußboden aus kunstvollem Terrazzo, ein in Marmor gefasster Kamin, darüber ein Spiegel aus einzelnen Kacheln, schwere Vorhänge mit Schabracken, mehrere Fauteuils, in der Mitte des Zimmers eine gepolsterte Sitzbank mit seitlichen Lehnen, über einer Kommode das Porträt des Generals von Angelo Pizzi und in einer geräumigen Nische das Bett.

Napoleon schlug während seines italienischen Feldzugs vorübergehend sein Hauptquartier in der Villa Manin auf, die zu dieser Zeit im Besitz des letzten Dogen Ludovico Manin (er trug den gleichen Namen wie der Bauherr) war. Der Feldzug begann, als der eben erst zum General ernannte Napoleon im März 1796 den Oberbefehl über die Italienarmee übernahm. Sein Befehl lautete, die Alpen zu überschreiten und in Piemont, der fruchtbaren Ebene des oberen Po-Tals, einzumarschieren. Er sollte die österreichischen und piemontesischen Truppen zum Kampf herausfordern und schlagen. Napoleons Gegner, welche die französische Republik verabscheuten, waren Kaiser Franz II., ein Monarch mit wenig Talent und Energie, und dessen Verbündeter, der bigotte Viktor Amadeus von Sardinien-Piemont. Gegen eine zahlenmäßig überlegene Streitmacht drang Napoleon mit seinen Truppen unaufhaltsam vorwärts und gewann eine Schlacht nach der anderen. Ein Jahr später waren die Piemontesen besiegt und die Österreicher aus Norditalien vertrieben, sie hielten nur noch die Stadt Mantua, deren Verteidiger der Belagerung nicht standhalten konnten und kapitulierten. Nach der Besetzung des Kirchenstaates (Friede von Tolentino mit Pius VI.) marschierte Napoleon mit vier Divisionen nach Österreich, nahm Leoben ein und schob seine Vorhut bis zum Semmering vor. Für den Hof in Wien kam dieser Vorstoß völlig unerwartet. Napoleon bot einen Waffenstillstand an, den Franz II. zähneknirschend annehmen musste.

Am 17. Oktober 1797 wurde in der Villa Manin der Friedensvertrag von Campo Formio zwischen Frankreich und Österreich, vertreten durch Johann Ludwig Graf von Cobenzl, unterzeichnet. Österreich musste der Abtretung des linken Rheinufers zustimmen und tauschte Belgien und Mailand gegen die Republik Venedig samt deren Besitzungen bis zum Fluss Etsch, dazu Istrien, Dalmatien und die Bucht von Kotor. Frankreich behielt die Lombardei sowie die Ionischen Inseln Korfu, Zakynthos und Kefalonia.

Die Villa Manin ist heute Sitz des Centro d'Arte Contemporanea, in dem Ausstellungen zur zeitgenössischen Kunst veranstaltet werden. So hatte zum Beispiel einer der anerkanntesten Künstler Italiens, Giuseppe Zigaina, hier im Jahr 2009 eine Auswahl seiner wichtigsten Gemälde von den Anfängen bis zur Gegenwart ausgestellt.

Ich verlasse das Hauptgebäude an der Hinterseite und spaziere durch die traumhafte Parkanlage, die im Barock zu den „Wundern Italiens" gehörte. Sie ist von einem unbekannten französischen Gartenarchitekten nach dem Vorbild von Versailles gestaltet worden – eine Landschaft voller optischer Täuschungen, ein durch und durch konstruiertes Paradies mit Wasserspielen, Tiergarten, Labyrinth, Orangerie, Pavillons und zahlreichen steinernen Figuren. Heute ist davon nicht mehr viel übrig geblieben, allerdings stehen im Park alte und seltene Bäume von ungewöhnlicher Schönheit, die mich als Baum-*Aficionado* begeistern: darunter eine hundertfünfzig Jahre alte Eibe, eine Kalifornische Weihrauchzeder, eine Spanische Tanne, eine sägeblättrige Glanzmispel, Himalayazedern, Blauglockenbäume und Magnolien von erstaunlicher Größe.

Die Sonne brennt vom wolkenlosen Himmel, ich verlasse Passariano und überquere nach etwa elf Kilometern die Brücke über das ausgetrocknete, schneeweiße Kiesbett des Tagliamento. Kurz danach erreiche ich **Casarsa della Delizia**, jenen Ort, in dem Pier Paolo Pasolinis Mutter, Susanna Colussi, geboren wurde. Der Vater, Carlo Alberto Pasolini, Offizier, Nationalist, Faschist der ersten Stunde, heiratete Susanna im Dezember des Jahres 1921 in Casarsa. Das Ehepaar zog bald darauf nach Bologna um, wo Pier Paolo am 5. März 1922 zur Welt kam. „Ich bin in eine für die italienische Gesellschaft typische Familie hineingeboren: Ich bin das Ergebnis einer echten Kreuzung, Produkt des Italienischen Einheitsstaates. Mein Vater stammt aus einer alten Adelsfamilie aus der Romagna, meine Mutter hingegen kommt aus einer Bauernfamilie aus dem Friaul, die sich allmählich bis in den Kleinbürgerstand hochgearbeitet hat. Seitens des Vaters meiner Mutter verdienten sie sich den Lebensunterhalt mit Schnapsbrennen. Meine Großmutter mütterlicherseits war Piemonteserin, was sie aber nicht daran hinderte, gleichermaßen auch Familienbindungen nach Sizilien und in die Gegend um Rom herum zu haben", erzählte Pasolini in einem Interview mit Jean Duflot, erschienen in „Il sogno del centauro", Rom 1983 (dt. „Der Traum des Centaur", Berlin 2002). Casarsa war für Pasolini, der in verschiedenen Städten aufwuchs, der Ort der Sommerferien, der Zuflucht vor dem Krieg, der Universitätsjahre; die bäuerliche Welt von Casarsa, das „Land der Gewitter und Primeln", war für ihn, wie er später bekannte, ein Ort des Glücks, eine Reise ins Innere der Muttersprache, die ihn zu seiner Lyrik in Friulanisch inspiriert hatte. Eines der frühen Gedichte heißt „Gesang der Glocken" (*Ciant da li ciampanis*):

34 Kultur

„Wenn der Abend versinkt in den Brunnen
trägt mein Dorf verlorene Farben.
Fern bin ich, erinnere mich an seine Frösche,
an den Mond, ans traurige Zirpen der Grillen.
Zum Rosenkranz läutet's, verhallt in den Wiesen:
gestorben bin ich zum Klange der Glocken.
Fremdling, wenn leise ich gleite über den Hang,
so erschrick nicht: ein Geist der Liebe bin ich,
der heim fliegt, zum Dorf, von ferne."

Im Zentrum von Casarsa, in der Via G. Pasolini 4, befindet sich die Casa Colussi, das ehemalige Wohnhaus der Familie Colussi. Das renovierte Gebäude beherbergt das Centro Studi Pier Paolo Pasolini, in dem eine reichhaltige Sammlung zu besichtigen ist: Fotos aus Pasolinis Leben, Originalmanuskripte (zum Beispiel „Poesie a Casarsa", sein erster, schmaler Gedichtband von 1942), handgeschriebene Manifeste aus dem Jahr 1948 („Appello ai Cristiani per la Pace"), Pressemeldungen, Filmplakate, Gemälde und Tuschzeichnungen. Frau Angela Felice, die mich durch die Räume geführt hat, erklärt mir beim Verabschieden den Weg zum Friedhof, der etwas außerhalb des Ortes an der Straße nach Valvasone liegt.

Pier Paolo Pasolini, der große Dichter, Filmregisseur und Polemiker, wurde in der Nacht zum 2. November 1975 auf einem Fußballplatz an der römischen Peripherie auf grausame Weise ermordet. Der siebzehnjährige Strichjunge Giuseppe Pelosi (einer dieser *Ragazzi di vita*, wie Pasolini sie nannte), der in der Mordnacht in Pasolinis Alfa Romeo von Carabinieri erwischt worden war, hatte zwar den Mord gestanden, doch die Ermittlungen ließen Unstimmigkeiten und Widersprüche in Pelosis Geständnis erkennen. Von verschiedenen Seiten wurde die Vermutung geäußert, Pasolini sei in einen politischen Hinterhalt geraten, an dem andere Personen beteiligt gewesen wären. Im Jahr 2005, dreißig Jahre nach der grausamen Tat, trat Giuseppe Pelosi in der Rai 3-Fernsehsendung *Ombre sul giallo* (Schatten über Kriminalfällen) auf und erklärte, dass nicht er der Täter gewesen sei, sondern andere Personen, deren Identität er jedoch nicht kenne. Er habe sie zum ersten Mal am Mordtag gesehen, und sie drohten, seiner Familie etwas anzutun, wenn er redete. Und er habe sich ganz einfach daran gehalten. Im Jänner 2006 riefen die Literaturprofessorin Carla Benedetti und andere Schriftsteller auf einer Website zur Unterschriftensammlung für die Wiederaufnahme des Verfahrens auf; im Juni 2007 fand in Rom eine Pressekonferenz zu diesem Aufruf statt: Die Comune di Roma, vertreten durch Bürgermeister Walter Veltroni und Kulturassessor Gianni Borgna, versicherten, alles dafür zu tun, damit die Staatsanwaltschaft den Fall wieder aufnehme. Ohne Erfolg. Aber dann, im Frühjahr 2010, erklärte Senator Marcello Dell'Utri, die rechte Hand von Ministerpräsident Berlusconi und verurteilter Mafioso, er besitze das fehlende, vermutlich kurz nach dem Mord gestohlene Kapitel 21 des unvollendeten Romans „Petrolio" von Pasolini, in dem angeblich die realen Verschwörungen um die staatliche Erdölgesellschaft ENI behandelt würden. Schon lange wurde vermutet, dass Pasolini wegen seiner Recherchen zu diesem Buch (er nannte es ein „modernes *Satyricon*"), das sich mit den illegalen Machenschaften der politischen und ökonomischen Macht im Italien der 1960er- und 1970er-Jahre beschäftigt, umgebracht worden sei. Dieser Umstand veranlasste Untersuchungsrichter Francesco Minisci

Sacile an der Livenza. Blick auf den Dom San Nicolò

aus Rom, die Ermittlungen zum Mordfall Pasolini wieder aufzunehmen.

Ich betrete den Friedhof. Hier liegen alle Mitglieder der Familie Pasolini begraben, der Vater Carlo Alberto und der Bruder Guido, der 1945 von rivalisierenden Partisanen umgebracht worden war. Gleich links vom Eingang, unter schlanken Lorbeerbäumen und Jasmin, befindet sich das schlichte **Grab von Pier Paolo**, neben ihm wurde auch Susanna, die abgöttisch geliebte Mutter, im Jahre 1981 beigesetzt. Auf der weißen Grabplatte, in die nur Pier Paolos Name und die Lebensdaten graviert sind, liegt eine Blume mit goldgelben Blüten und ein rotes Tüchlein, auf dem einige Kieselsteine liegen – requiescat in pace.

Geschichte 35

Über Pordenone erreiche ich auf der SS 13 die Kleinstadt **Sacile**, das historische Juwel Friauls. Es ist Samstag, der Tag vor der **Sagra dei Osei**, der traditionellen Vogelmesse, die hier seit dem 13. Jahrhundert stattfindet. Ein erster Spaziergang führt mich durch die Viale Pietro Zancanaro in die Altstadt, die sich auf den beiden Inseln, die von der Livenza umflossen werden, erstreckt. Auf der zentralen Piazza del Popolo sind die Vorbereitungen in vollem Gang. Auf beiden Seiten des halbrunden Platzes werden Abteile aus Leichtmetallgestängen gebaut, deren Stützen mit frisch geschnittenem Bambus verkleidet werden. Neben dem hervorspringenden noblen Palazzo Comunale (mit eindrucksvoller Loggia) sind Arbeiter dabei, eine Bühne zu errichten. Ich verlasse den Platz und bleibe auf der Brücke stehen, die zur Via Garibaldi führt. Ein herrlicher Blick auf den Fluss, links Trauerweiden, rechts an der Ufermauer die steinerne Figur eines Knaben, der einen rosafarbenen Fisch in Händen hält; im Hinter-

Kultur 36
Skurriles 37

SUSANNA COLUSSI
VED PASOLINI
(1891 - 81)
PIER PAOLO PASOLINI
(1922 - 75)
DEL ZOTTO
CORDENONS

Kultur 38 grund erhebt sich der **Dom San Nicolò** aus dem 15. Jahrhundert, daneben ragt der freistehende Campanile wie ein riesiger Bleistift hoch auf. Ich kehre zum Platz zurück und setze mich an einen freien Tisch im Caffé Commercio. Es ist heiß, mehr als dreißig Grad, und es tut gut, im Schatten des Sonnenschirms zu rasten. Ich wähle aus der Karte ein Getränk, weil mir sein Name gefällt, *Lussuria*, eine Mischung aus Himbeersirup, Gin und Prosecco. Mich interessiert, ob das Wort im Wörterbuch steht, schlage nach und finde es tatsächlich; es bedeutet zu meiner Überraschung „Fleischeslust", „Unzucht".

Aus dem Programm des Volksfestes erfahre ich, dass heute Abend im Garten der ehemaligen Kirche San Gregorio die Meisterschaft der *Chioccolatori*, der Vogelstimmenimitatoren, stattfindet. Bevor ich zu dieser Veranstaltung gehe, stärke ich mich im
Kulinarik 39 **Restaurant Cellini**, einem überwachsenen Terrassenlokal direkt am Fluss, dessen Eingang sich in der Via della Pietà, gegenüber dem Campanile, befindet. Als Vorspeise wähle ich *Crudita di Gamberoni Sicilia*, einen feinen Garnelencocktail, danach Fagottini, gefüllt mit Steinpilzen und geräuchertem Ricotta. Es lohnt sich, hier einzukehren. Als ich das Restaurant verlasse, ist es dunkel geworden. Über die belebte Via Garibaldi erreiche ich den Garten von San Gregorio, der von Scheinwerfern beleuchtet wird. Die aufgestellten Plastikstühle sind fast alle schon besetzt. Delegationen aus drei Ländern, Italien, Frankreich und Spanien, treten an, um sich im Imitieren von Vogelstimmen zu messen, wobei jede Gruppe den Gesang und die Rufe unterschiedlicher Vogelarten, wie Singdrossel, Amsel, Stieglitz, Erlenzeisig oder Buchfink, vortragen muss. Dabei

bedienen sich die *Chioccolatori* spezieller Vogelpfeifen aus Metall, Holz oder Ton. Ein Mitglied des Exekutivkomitees begrüßt die Delegationen und das Publikum und eröffnet mit launigen Worten den Wettkampf; dann werden die Teilnehmer auf die Bühne gebeten und wie bei einer Olympiade die Nationalhymnen gespielt. Nun kann es losgehen. Es sind nur Männer, alte und junge, die mit ernsten Gesichtern ihren Pfeifen flötende, zwitschernde, munter schwätzende, laute und schmetternde Gesänge entlocken und dabei angestrengt ihre Münder verziehen. Sehr unterhaltsam; mir bleibt allerdings schleierhaft, wie die wahrscheinlich nur feinen Unterschiede der Darbietungen beurteilt werden können. Morgen werden die Sieger auf der Piazza del Popolo geehrt.

Sonntag: Um fünf Uhr früh läutet mein Wecker. Die *Sagra dei Osei* beginnt im Morgengrauen mit dem *Concorso Canoro*, dem Wettbewerb der Singvögel, den ich nicht versäumen will. Obwohl es erst zu dämmern beginnt, strömen Scharen von Menschen in die Parks Ortazza und Pra Castelvecchio, wo das Wettsingen stattfindet. Ich schlendere über die taufeuchte Wiese des ersten Parks und schaue zu, wie die Züchter ihre Käfige mit den Vögeln im Astwerk der Bäume aufhängen und mit Zweigen tarnen. Jede Vogelart hat ihren eigenen abgegrenzten Bereich, jeder Baum, an dem ein Käfig hängt, ist mit dem Artnamen und einer Nummer gekennzeichnet. Um die Wette singen: Stieglitze, Amseln, Lerchen, Buch- und Bergfinken, Wachteln, Erlenzeisige und Singdrosseln. Allmählich weicht die Dämmerung einem purpurgrauen Himmel; aus dem Laubwerk beginnt das vielstimmige Zwitschern und Singen. Ich begleite vier Juroren, die von Baum zu Baum gehen,

aufmerksam horchen und bewerten. Worauf es ankomme, frage ich einen Juror. „Man braucht vor allem ein gutes Gehör, um die feinen Nuancen erkennen zu können, in denen sich der Gesang der Vögel unterscheidet", erklärt er mir. „Jede Vogelart hat nicht nur einen speziellen Ruf, sondern auch viele verschiedene Lautfolgen. Bei der Bewertung achten wir darauf, welcher Vogel am schönsten singt und den längsten Vers herausbringt. Manche Vögel, Sie werden es nicht glauben, singen in perfekt komponierten Strophen, oft mit zweihundert Tönen pro Minute." Ich spreche einen Züchter an: Giovanni Bessega aus Caneva, ein kleiner Mann mit gestreiftem Polohemd und Jeans. Er sei mit sechsundsiebzig Jahren der älteste Teilnehmer und mit zehn Buchfinken im Wettbewerb, erfahre ich, und er deutet mit der Hand auf einige Bäume. Wie müsse ich mir das Training eines Singvogels vorstellen? „Man muss ein guter Lehrmeister sein und viel Geduld haben", sagt Signore Bessega und rückt seine Brille zurecht. „Es ist notwendig, den Vögeln gleich nach der Geburt Kassetten mit Vogelgesang vorzuspielen, denn das vollendete Singen muss ihnen erst beigebracht werden. Nicht jeder Vogel hat Talent, aber durch beharrliche Anleitung kann viel erreicht werden." Mehr verrate er nicht, sagt er und lächelt verschmitzt.

Über eine bogenförmige Holzbrücke über die Livenza verlasse ich den Park, gehe durch die Via Mazzini und komme zum Hauptplatz, auf dem sich bereits Massen von Besuchern um die in den Abteilen aufgestellten Käfige drängen. Es herrscht großer Trubel. Tausende Vögel zwitschern, singen und kreischen durcheinander: Kanarienvögel (darunter die berühmten Harzer Roller), Wellen- und Nymphensittiche, Zeb-

Harzer Roller
Harzer Roller
Harzer Roller
Harzer Roller
Harzer Roller
Harzer Roller
Harzer Roller
Harzer Roller
canarino da canto
Malin♡is-Waterslager

ra- und Grasfinken, verschiedene Papageienarten wie Loris und Aras, um nur einige zu nennen. Neugierig drücken Menschen ihre Nasen an die Gitterstäbe der Käfige, lassen einzelne Vögel herausnehmen und streichen prüfend über ihr Gefieder. Es wird fleißig gekauft. Ich stehe vor zwei Käfigen mit den wahrscheinlich teuersten Vögeln dieses Marktes: einem Pärchen Rosakakadus mit auffällig rosa und grau gefärbtem Gefieder um 2550 Euro und einem Pärchen Kookaburras mit elfenbeinfarbenem Gefieder und dunkelbraunen Flügeln aus der Familie der Eisvögel um 1600 Euro (wegen seines markanten Rufes nennt man den in Australien heimischen Vogel auch „Lachender Hans“). In den Gassen um die Piazza del Popolo haben Händler ihre Stände aufgestellt und bieten Berge von Vogelfutter (für schönen Gesang), Käfige in allen möglichen Formen aus Holz und Draht, Steinschleudern, grellfarbiges Zuckerwerk und Mandelgebäck, auf Seide gemalte Vögel, kitschige Ölgemälde mit Blumen- und Landschaftsmotiven, Zierfische, Kaninchen und Streifenhörnchen zum Verkauf an.

Nachsatz: Es waren gewiss zwei unterhaltsame Tage, doch ich gestehe, mich auch in einem Zwiespalt zu befinden; einerseits sehe ich die Vogelmesse als ein in der Tradition verwurzeltes Spektakel, andererseits tun mir die Vögel in ihren oft viel zu engen Käfigen leid, und ich kann jene Gruppe von Tierschützern verstehen, die auf der Piazza mit Megafon und Plakaten (wenig beachtet) fordern, die Vögel freizulassen und die Messe zu verbieten. *Questa e' una festa contro natura*, steht auf einem Plakat, das eine junge Frau um den Hals trägt. „Auf die Vögel hat der Mensch weniger Einfluss als auf die Vierfüßler, weil ihre Natur ihm fremder ist und sie nicht imstande sind, anhänglich und folgsam zu sein. Vögel, die wir zahm nennen, sind bloß gefangen", schrieb vor zweihundertvierzig Jahren der bedeutende französische Naturforscher Comte de Buffon in seiner Abhandlung über die Natur der Vögel.

Fagottini ripieni di patate e porcini

(Teigtaschen mit Kartoffel-Steinpilzfüllung)

Zutaten für vier Personen:

Teig

* 500 g Weizenmehl (z. B. Farina tipo 00 oder 480)
* 2 Eier
* 4 Dotter
* 1/2 TL Salz
* 1 EL Olivenöl

Fülle

* 300 g Kartoffeln
* 2 Handvoll getrocknete Steinpilze
* 2 Schalotten
* 1 EL Butter
* 1 angedrückte Knoblauchzehe
* 1 TL frischen Thymian
* 1 EL Basilikum, fein gehackt
* 1 EL Petersilie, fein gehackt
* 4 EL Sauerrahm oder Crème fraîche
* 2 Dotter
* Salz, Pfeffer, Muskatnuss
* Parmesan, frisch gerieben

***

Teig: Zutaten zu einem Teig verkneten. Den in Frischhaltefolie gewickelten Teig eine Stunde ruhen lassen.
Fülle: Steinpilze mit kochendem Wasser überbrühen (dass sie gerade bedeckt sind) und ca. 15 Minuten einweichen.
Kartoffeln mit der Schale kochen und ausdampfen lassen.
Die Steinpilze abgießen und gut abtropfen lassen. Das Einweichwasser aufbewahren.
Die Schalotten und die Steinpilze klein schneiden und in Butter zusammen mit der Knoblauchzehe andünsten. Ca. 100 ml Einweichwasser dazugeben und einkochen lassen. Knoblauchzehe wieder entfernen.
Die geschälten Kartoffeln durch die Kartoffelpresse drücken. Schalotten, Steinpilze, Kräuter, Dotter und Sauerrahm unterheben und mit Salz, Pfeffer und Muskat kräftig abschmecken.
Den Nudelteig dünn ausrollen und mit einem Teigrad zu Quadraten à 5 x 5 cm ausschneiden. Die Teigstücke nun mit nussgroßen Portionen der Fülle belegen.
Fagottini formen: Die jeweils gegenüberliegenden Ecken nehmen und an der Spitze leicht zusammendrücken, ebenso die Ränder, sodass ein Hütchen entsteht.
Die Fagottini in siedendem Salzwasser je nach Teigdicke 4–6 Minuten garen. Dann Butter langsam zerlassen und die Fagottini darin schwenken. Mit geriebenem Parmesan bestreut servieren.

Das verwundete Herz

Gemona – Tagliamento – Bordano – Avasinis – Maniago – Sauris

Dort, wo der Tagliamento die Ausläufer der Karnischen Alpen verlässt, wo sich die Anhöhen wie ein Kranz um die Ebene legen, wo diese Ebene sich nach Süden hin auszubreiten beginnt, dort findet das mittelalterliche Friaul seinen reinsten und dichtesten Ausdruck – es ist das Herz des Landes. Am Abend des 6. Mai 1976, kurz vor 21.00 Uhr, kollabierte dieses Herz; gewaltige Erdstöße erschütterten das nordöstliche Italien mit verheerenden Folgen. Im Epizentrum des Bebens wurde die Stärke zehn nach der zwölfteiligen Mercalli-Skala gemessen, wobei innerhalb von nicht einmal einer Minute das historische Zentrum der Stadt Gemona und die Nachbargemeinden Venzone und Osoppo beinahe vollständig zerstört wurden. Der Albtraum wiederholte sich ein paar Monate später, als am 15. September um 4.15 Uhr erneut ein schweres Beben die Bewohner dieser Region aus dem Schlaf riss. Am stärksten getroffen hatte es wieder Gemona und vor allem Venzone; viele der Gebäude und Baudenkmäler, die im Mai verschont gebliebenen oder inzwischen wieder instand gesetzt worden waren, brachen in sich zusammen. Beide Naturkatastrophen zerstörten oder beschädigten damals einhundertneunzehn der einhundertachtundachzig Dörfer im Gebiet zwischen Tolmezzo und Udine, tausend Menschen kamen ums Leben, mehrere Tausend wurden verletzt, fünfundsiebzigtausend obdachlos. Amedeo Giacomini, Autor und Lyriker, gedachte seiner zerstörten Heimat in einem kurzen Gedicht – „In Memoria“ (original in friulanischer Sprache):

> „Herr,
> mich schmerzen heut' abend meine Dörfer ...
> Wo bist du, Gemona,
> lachendes Mädchen, Augen wie Samt,
> schwarze Haare unterm Akazienkranz,
> Frühlingshauch? ...
> Heut' abend, Herr, schmerzt mich, Gemona
> mich schmerzen, heut' abend, meine Dörfer ...“

Das Friaul liegt in einem seismisch gefährdeten Gebiet, das schon immer (die erste Aufzeichnung geht auf das Jahr 1117 zurück) von Erdbeben heimgesucht wurde. Diese sind Folgen der plattentektonischen Gegebenheiten: Wenn sich die Afrikanische unter die Eurasische Platte schiebt, bauen sich erhebliche Spannungen in der Erdkruste auf. In der Regel passiert das, wenn sich die beiden Platten ineinander verhaken. Beim ruckartigen Lösen voneinander werden gewaltige Kräfte frei, die zu Erdbeben führen. Im Friaul lag der Herd im Jahr 1976 in einer Tiefe von zehn bis zwanzig Kilometern, wie Geophysiker errechnet haben.

Heute sind Gemona und Venzone, in deren Bereich sich die Zerstörungen konzentriert hatten, weitgehend wiederhergestellt, wovon ich mich bei einem Besuch überzeugen konnte – wenngleich viel von der Atmosphäre des historisch Gewachsenen verlorengegangen ist: unwiederbringliche Verluste nicht nur an wichtigen

Baudenkmälern und Kunstschätzen, sondern auch an geschlossenen architektonischen Ensembles.

Gemona del Friuli liegt in steiler Hanglage am Fuß des Monte Cuarnan. Es ist Juni. Schmutziggraue Regenwolken hängen tief über der Stadt und verhüllen die Bergkette im Osten. Von der Piazza del Municipio, dem zentralen Platz im *Centro Storico*, beginne ich meinen Rundgang. Von hier führt die typisch mittelalterliche Via Giuseppe Bini mit ihren dicht an dicht stehenden historischen Bauten, Portalen, Mauervorsprüngen und Geschichte 40 Laubengängen hinunter zum **Dom Santa Maria Assunta**. Auf halbem Weg befindet sich links der Palazzo Elti, der das Museo Civico (mit Gemälden von Künstlern aus Venetien und dem Friaul aus dem 15. bis 18. Jahrhundert) beherbergt. Gegenüber, im Haus Nummer 24, Geschichte 41 wurde eine **Gedenkstätte – 1976 Frammenti di Memoria** – eingerichtet, in der Fotos und eine Zusammenstellung von Filmberichten gezeigt werden, die das Ausmaß der Erdbebenkatastrophe dokumentieren und einen tiefen Eindruck hinterlassen. Am Ende der Gasse stehe ich auf einem kleinen, wohlgeformten Platz vor der prachtvollen Fassade des Doms aus dem 14. Jahrhundert. Ich setze mich auf eine Steinbank und betrachte mit dem Fernglas die Details der Fassade. Rechts steht die steinerne Riesengestalt des heiligen Christophorus mit dem Christuskind. Kostbar gewandet, schreitet er zwischen unruhigem Wasser, in dem sich Fische tummeln, einher, gestützt auf den starken Ast eines Ölbaums. Über dem Mittelschiffportal befindet sich eine gotische Galerie in Form einer überaus schönen Skulpturengruppe (die noch Reste der alten Bemalung aufweist), deren Thema die Anbetung der Heiligen Drei Könige und die Erscheinung Christi ist.

Darüber springt das riesige filigrane Radfenster ins Auge, das mit seinen eleganten Steinverflechtungen als eines der schönsten Werke friulanischer Gotik gilt. Ich betrete den mächtigen dreischiffigen Innenraum des Doms und entdecke gleich rechts hinter Glas das, wie ich dem Begleittext entnehme, alte Altarbild mit vergoldeten, in Holz geschnitzten Reliefs (Szenen aus dem Alten und Neuen Testament) des Venezianers Andrea Moranzone aus dem Jahr 1394, das 1600 durch einen Brand beschädigt wurde. Daneben, in der ersten Seitenkapelle, die den Opfern der Katastrophe geweiht ist, befindet sich ein hölzernes Kruzifix aus dem 15. Jahrhundert, das schwer beschädigt aus den Trümmern gerettet werden konnte. Sehenswert noch eine sorgsam restaurierte Pieta der Salzburger Schule, ebenfalls aus dem 15. Jahrhundert, die in der nächsten Kapelle aufgestellt ist. Bedenkt man, dass das rechte Seitenschiff des Doms, die dazugehörigen Kapellen, die Sakristei, die Apsis und der freistehende Glockenturm vollständig eingestürzt waren, so grenzt es an ein Wunder, mit welcher Akribie dieses bedeutende mittelalterliche Denkmal Stein für Stein wieder aufgebaut wurde.

Die Wolken haben sich in der Nacht abgeregnet, das Wetter verspricht besser zu werden. Ich beschließe, eine Wanderung entlang des östlichen Ufers des **Tagliamento** zu unternehmen. Ausgangspunkt ist das Ecomuseo delle Acque in der Mulino Cocconi, das sich am nördlichen Ortsrand von Gemona an einem kleinen Platz, Largo Beorcje 12, befindet. Die ehemals wasserbetriebene Mühle, Anfang des 17. Jahrhunderts erbaut, war die einzige, die das Erdbeben überlebt hatte; der solide Steinbau wurde renoviert und in ihm das Ökologiemuseum eingerichtet. Im Erdgeschoß sind die

42 Natur

Gemona. Dom Santa Maria Assunta

Mahlwerke und Utensilien des Müllerhandwerks zu sehen; darüber befindet sich das Dokumentationszentrum über das Wasser.

Das Museum liegt in einem besonderen geologischen Gebiet, in einer Ebene zwischen Gemona und Osoppo, die von Höhenzügen umgeben und im Westen vom Tagliamento begrenzt wird. Hier lag einst ein großer See, der von wallartigen Aufschüttungen umgeben wurde, die sich nach dem Abschmelzen des eiszeitlichen Tagliamento-Gletschers gebildet hatten. Der See ist zwar von der Oberfläche verschwunden, bildet aber eine ausgedehnte Grundwasserschicht, die als Trinkwasserreservoir genutzt wird. Ich frage mich, ob der Schriftsteller Italo Calvino an diesen Grundwassersee gedacht hat, als er „Le città invisibili" („Die unsichtbaren Städte") schrieb? In einer der fünfundfünfzig Miniaturen, „Die subtilen Städte", wird von Isaura, Stadt der tausend Brunnen, berichtet, die sich über einem tiefen unterirdischen See erheben soll: „Überall wo es den Einwohnern durch das Graben tiefer senkrechter Löcher gelungen ist, Wasser heraufzuholen, bis dahin und nicht weiter hat sich die Stadt ausgebreitet: Ihr grüner Umkreis wiederholt die dunklen Ufer des begrabenen Sees, eine unsichtbare Landschaft bedingt die sichtbare, alles, was sich im Licht der Sonne bewegt, wird von der Welle getrieben, die eingeschlossen an den Kalkhimmel des Felsens schlägt."

Eine gute Möglichkeit, vom Mühlenmuseum an das Ufer des Tagliamento zu kommen, ist durch die Via Turisello, die in die SS 13 mündet, die man überqueren muss; dann geht es auf der teils unbefestigten Via Monte Brancot weiter bis zum Damm, der von Gras und Gestrüpp überwuchert ist. Über den Damm steige ich in das breite Flussbett, das sich wie ein „Moränenamphitheater“ darbietet. Grobe Schotterfelder und sandreiche Kiesflächen werden von verzweigten Wasserläufen von kreideweißer Farbe durchzogen. Auf einer Schotterbank nahe dem Ufer, die mit Reitgras bewachsen ist, wandere ich stromabwärts und freue mich, dass endlich die ersten Sonnenstrahlen durch die Wolken brechen.

Der Tagliamento, „König der Alpenflüsse“, ist die größte noch existierende Wildflusslandschaft der Alpen und das einzig verbliebene Referenzökosystem, an dem sich alle flussdynamischen Prozesse beobachten lassen. Sein Quellgebiet liegt südlich des Mauria-Passes in den Friaulischen Dolomiten, größere Zuflüsse kommen aus den Karnischen und Julischen Alpen, aus deren Karen die Schutt- und Geröllmassen, Kalk, Schiefer und Dolomit, eingetragen werden. Fast auf seiner gesamten Strecke, die einhundertzweiundsiebzig Kilometer beträgt, fließt der Tagliamento wild und ungebändigt dahin und verlagert immer wieder sein Bett. Erst kurz bevor er zwischen Bibione und Lignano Riviera in die Adria mündet, wird er bei Latisana in eine kanalartige Rinne gezwängt und sein Wasser in feste Bahnen gelenkt.

Der Tagliamento ist für die biologische Vielfalt in Europa von elementarer Bedeutung. Seine Auen und Kiesbänke bieten natürliche Lebensräume für vom Aussterben bedrohte Pflanzen, Wirbeltiere und Gliederfüßler. Bei den Pflanzen sind es zum Beispiel der Knorpelsalat, die Deutsche Tamariske oder der Zwergrohrkolben. Von den Wirbeltieren stark gefährdet sind unter anderen die Wechselkröte und der Flussuferläufer aus der Familie der Schnepfenvögel. An den Flussufern finden sich unter Steinen zahlreiche Laufkäfer, darunter absolute Raritäten der Gattung *Cicindina* und *Bembidion*, die auf der Roten Liste gefährdeter Arten stehen.

Diese europaweit einzigartige und eindrucksvolle Flusslandschaft mit ihren Fauna-Flora-Lebensräumen ist in Gefahr, zerstört zu werden. Trotz heftiger Proteste von Fachleuten und Organisationen aus dem gesamten Alpenraum will die Regierung der Region Friaul--Julisch Venetien aus „Hochwasserschutzgründen" im Auenbereich bei Spilimbergo Rückhaltebecken mit einer Gesamtfläche von 8,5 Quadratkilometern bauen. Dieses Vorhaben widerspricht nicht nur jeder modernen Hochwasserschutzplanung, sondern ist auch nach der aktuellen europäischen Umweltpolitik, nämlich dem Aufbau eines Europäischen Schutzgebietssystem NATURA 2000 und der Umsetzung der Europäischen Wasserrahmenrichtlinie unverständlich.

In der Mitte der schmalen Brücke, die von Venzone nach Pioverno führt, halte ich kurz an und verabschiede ich mich vom königlichen Tagliamento. Es ist still, nur vereinzeltes Vogelgezwitscher ist aus den dicht belaubten Ufergehölzen zu hören. Das Wasser fließt ruhig und bespült die schiefergrauen Geröllinseln, wie es dies vor tausend Jahren tat. Auf der Straße, die durch dichten Wald am rechten Flussufer entlangführt, erreiche ich Bordano, *il paese delle farfalle*, das Dorf der Schmetterlinge. Das zeigt sich schon an den Fassaden vieler Häuser, die mit Schmetterlingen, aber auch mit anderen Motiven, fantasievoll bemalt sind, ausgeführt von namhaften Künstlern und Ortsbewohnern. „Wir verwandeln jede Mauer in einen Spiegel der Seele, in Farben und Formen durch die Kunst, das Leben zu beobachten", lese ich in einem Folder der Kommune. Bordanos Anziehungskraft als Ausflugsziel ist indes die **Casa delle** 43 Natur

Farfalle. Das Areal des Schmetterlingshauses besteht aus drei großen Glashäusern, die miteinander verbunden sind. Mehr als vierhundert Schmetterlingsarten aus den Regenwäldern Amazoniens, dem tropischen Afrika, aus Indien und Australien können dort beobachtet werden. Die komplizierte Entwicklung eines Schmetterlings gehört zu den wunderbarsten Lebensvorgängen in der Natur. Sie vollzieht sich vom winzigen Ei über die nahrungsaufnehmende Raupe und die scheinbar leblose Puppe, um sich schließlich in ein geflügeltes Insekt von irisierender Schönheit zu verwandeln. In dem feuchtheißen Klima, das in den Glashäusern herrscht, fühle ich mich, als befände ich mich tatsächlich in den Tropen. Eine üppige exotische Vegetation säumt den Weg, auf Blättern und Blüten sitzen farbenprächtige Bananen-, Passionsblumen- und Himmelsfalter, um meinen Kopf flattern Königs-Schwalbenschwänze mit braunen gezahnten Hinterflügeln. Es gelingt mir, einen Himmelsfalter ganz aus der Nähe zu fotografieren, der an einem Bananenstückchen saugt. Interessant ist die Zeichnung dieses Falters: Die Flügeloberseite ist leuchtend blau, während die Unterseite braun mit gewellten weißen Streifen und gelb umrandeten Augenflecken ist.

Auf dem Weg nach Interneppo (auf der SP 36) überrascht mich nach einer scharfen Kurve ein originelles **Wandgemälde** an einer Betonwand von beträchtlicher Länge. Es ist dem italienischen Radsport gewidmet und zeigt der Reihe nach die Champions Bottecchia, Binda, Girardengo, Coppi, Adorni, Magni, Guerra, Bartali, Nencini, Gimondi, Moser und Pantani; an der Spitze des Feldes fährt ein Motorrad, auf dessen Sozius verkehrt herum ein Kameramann sitzt und filmt. Ein paar Kilometer weiter zweigt rechts eine Straße zum Monte

44 Skurriles

San Simeone ab. Es kostet allerdings sogar mit dem Auto einige Anstrengung, die einspurige ehemalige Militärstraße hinaufzufahren. Sie windet sich in vielen steilen Serpentinen, die stellenweise ziemlich ausgesetzt sind, auf ein Hochplateau unterhalb des Gipfels, das ich, gottlob, ohne entgegenkommende Fahrzeuge erreiche. Auf 1215 Meter Höhe werde ich dank guter Sicht mit einem herrlichen Ausblick auf das Tagliamento-Tal belohnt.

Bei Interneppo stoße ich auf die SP 512 und suche einen Platz zum Parken. Unter mir breitet sich, von dichtem Grün umgeben, der idyllische **Lago di Cavazzo** (Natur 45) aus; er ist der größte See im Friaul, ein Erholungsgebiet und Tummelplatz für Windsurfer. Ich folge der Straße 512 und zweige vor Trasaghis nach rechts in das Dorf Avasinis ab. Bei meinen Reisevorbereitungen bin ich auf einen Bericht gestoßen, demzufolge Männer des Karstwehrbataillons, einer Gliederung der Waffen-SS, am 2. Mai 1945, also wenige Tage vor der bedingungslosen Kapitulation aller deutschen Truppen, in Avasinis ein Blutbad angerichtet hatten. Die SS-Karstwehr wurde im Adriatischen Küstengebiet zur Partisanenbekämpfung eingesetzt. An jenem Maitag war eine Kompanie dieser Soldateska im Tagliamento-Tal auf dem Rückzug nach Norden, als sie von Partisanen angegriffen wurde. Nach einem kurzen Feuergefecht zogen sich die Partisanen zurück. Die SS-Männer, auf Vergeltung aus, marschierten ins nahe gelegene Avasinis und metzelten erbarmungslos einundfünfzig wehrlose Bewohner nieder, darunter fünf Kinder im Alter zwischen zwei und zwölf Jahren. Jahrzehntelang blieben die Mörder in Uniform unbehelligt. Erst das Simon-Wiesenthal-Dokumentationszentrum in Wien machte 1995 die deutsche Justiz auf das Massaker aufmerksam, worauf die Würzburger

Staatsanwaltschaft zu ermitteln begann – ohne nennenswerte Erfolge. Der Historiker Tone Ferenc, ehemals Professor an der Universität Ljubljana, der seinerzeit Gräueltaten der deutschen Besatzer in Slowenien untersucht hatte, urteilte, es habe wahrscheinlich keine Truppe gegeben, die so viele Verbrechen an der Zivilbevölkerung begangen hatte, wie die SS-Karstwehr.

Hinter der großen Dorfkirche von Avasinis erinnert eine **Gedenkstätte, „Memoriale Martiri 2. Maggio 1945"**, an das Massaker. Ein dünner Regen fällt, als ich zur Mittagszeit den unbelebten Ort berührt verlasse. 46 Geschichte

Mein nächstes Ziel ist Maniago am südlichen Rand des Parco Naturale Dolomiti Friulane. Von Osoppo kommend, zweige ich bei San Daniele del Friuli nach Ragogna ab, überquere bei San Pietro den Tagliamento und gelange auf einer kurvenreichen, reizvollen Straße nach Pinzano. Nach etwa vier Kilometern nehme ich die Abzweigung nach Lestans und Sequàls, von wo eine Brücke über das breite Schotterbett des Torrente Meduna nach Colle führt. Von Colle bis Maniago sind es nur mehr etwa acht Kilometer entlang von Getreide- und Maisfeldern.

Maniago ist eine Kleinstadt, über die es nicht viel zu sagen gibt. Im Zentrum liegt die große Piazza Italia mit Brunnen, an deren Längsseite dehnt sich der Palazzo d'Attimis-Maniago mit großem Löwenfresko aus, gegenüber, versteckt in einer Passage, steht der spätgotische Dom San Mauro. Mein Interesse an Maniago wurde durch den Beinamen „Città delle Coltellerie" geweckt, der auf das traditionelle Schmiedehandwerk zurückgeht, das hier seit dem 15. Jahrhundert ausgeübt wird. Nach der Einnahme durch die Republik Venedig entstanden die ersten Hammerwerke, die mit dem abgeleiteten Wasser des Colverabaches angetrieben wurden.

Messerer, Klingenschmiede, Schwertfeger und Schleifer stellten aus Schmiedeeisen (wahrscheinlich aus Hüttenberg in Kärnten) Messer, Sicheln, Sensen, Beile, Scheren und Schaufeln her, aber auch jede Menge Hieb- und Stichwaffen für das expandierende venezianische Heer. Die Geschichte der Schmiedekunst von den Anfängen bis zu den Fabrikerzeugnissen des 20. Jahrhunderts wird im sehenswerten **Museo dell'arte fabbrile e delle coltellerie** gezeigt. Das Museum wurde in der ersten großen Messerfabrik eingerichtet, die 1907 vom deutschen Fabrikanten Albert Marx aus Solingen gegründet worden war. Das aufwendig renovierte Gebäude ist ein schönes Beispiel gelungener Industriearchäologie.

Skurriles 47

Maniago gilt immer noch als Zentrum der Messerindustrie in Italien. Eine Vielzahl von technologisch hochentwickelten Unternehmen, die im Consorzio Coltellinai versammelt sind, stellen unter dem Warenzeichen QM – Quality Maniago – alle Arten von Messern, Hackbeilen, Bestecken, Scheren, Zangen und chirurgischen Instrumenten aus Edelstahl her, die in die ganze Welt exportiert werden.

Im Eurohotel Palace, wo ich übernachte, mache ich beim Abendessen im angeschlossenen Restaurant, das nur spärlich besucht ist, die Bekanntschaft eines Insektenforschers aus Udine. Im Verlauf unseres Gesprächs erzählt er mir, es gäbe hier im Karst des Colvera-Tals zwei interessante Höhlen, die Landri Scur und die Landri Daviert, in denen sich durch die feuchte Kühle eine besondere Käferfauna entwickelt habe, die ihn interessiere. Ein- bis zweimal im Jahr komme er nach Maniago, um die Höhlen aufzusuchen und mit Stirnlampe und Pinzette nach den winzigen Tierchen zu forschen. Die völlige Dunkelheit, in der die echten Höhlenkäfer – er nennt sie

Maniago. Museum des Schmiedehandwerks

Troglobien – leben, führe vielfach zu einer Verkümmerung und selbst zum Fehlen der Sehorgane, erklärt er mir und nennt als Beispiel die Gattung *Anophthalmus*, die keine Augen besitze. Nach einer kurzen Pause fragt er, ob ich schon einmal vom sogenannten Hitlerkäfer gehört habe. Nein, was soll das sein, antworte ich. Mein Gesprächspartner lacht und klärt mich auf: Oscar Scheibel, ein deutscher Entomologe und strammer Nationalsozialist, bekam 1937 von einem slowenischen Kollegen einen sechsbeinigen Höhlenkäfer von blassbrauner Farbe, kaum größer als eine Ameise, für seine Sammlung geschenkt. Scheibel war sich sicher, es handle sich dabei um eine neue Art der Gattung *Anophthalmus* (was „augenlos" bedeutet). Als Ausdruck seiner Verehrung für Adolf Hitler gab er dem unscheinbaren Insekt das Artbeiwort *hitleri*. Es amüsiere ihn, sagt mein Gegenüber, dass der „Führer" gewissermaßen mit einem blinden Käfer aus der Unterwelt auf eine Stufe gestellt worden sei. Wütend mache ihn allerdings der Umstand, dass *Anophthalmus hitleri*, auf Nadeln gespießt, ein begehrtes Sammlerobjekt geworden sei, für das bis zu eintausend Euro bezahlt werden, und zwar von Leuten, die alten Zeiten nachtrauern und ganz scharf auf Nazi-Devotionalien seien. Das gehe so weit, dass diese Art mittlerweile vom Aussterben bedroht sei. Beim Verabschieden möchte mein Gesprächspartner wissen, was mein nächstes Ziel sei. Sauris in Karnien, sage ich, zum Schinkenfest. Er empfiehlt mir, auf meinem Weg nach Norden durch das Colvera-Tal zu fahren und im Bergdorf Poffabro, das vorbildlich saniert worden sei, Halt zu machen; dann die Straße hinunter nach Navaròns, wo man auf die SR 552 treffe, die nach Ampezzo führe. Eine zwar etwas mühsame Strecke, die sich aber auf jeden Fall lohne.

Ortskern von Sauris di Sopra

Ein Blick auf die Straßenkarte zeigt mir, dass ich auf der Straße nach Ampezzo den **Passo di Monte Rest** überwinden muss, den mein Gesprächspartner nicht erwähnt hatte. Ich befrage Google und erfahre, dass die Passstraße unter Motorradfahrern als Geheimtipp, als „extrem geile Strecke“, gilt. Einige Biker haben sogar ihre Überquerung mit Helmkameras gefilmt und auf You Tube ins Netz gestellt. Ich bin neugierig. Nach Maleon beginnt die Auffahrt zur Passhöhe (1052 Meter), eine gut asphaltierte, aber sehr enge Straße, die sich schlangenförmig in zahllosen Kehren am Hang eines tief eingeschnittenen Tals durch eine wildromantische, unberührte Landschaft hochschraubt. Als ich die dicht bewaldete Passhöhe erreiche, verstehe ich die Motorradfahrer; die Strecke ist zweifellos spektakulär, die Talfahrt ebenso. Nach Ampezzo geht es traumhaft schön weiter; die Straße windet sich entlang der tiefen Schlucht des Torrente Lumiei bergwärts zum türkis leuchtenden Lago di Sauris und weiter nach der Ortschaft Sauris, die inmitten grüner Almen und Wälder liegt. Über Jahrhunderte hinweg war Sauris nur über Saumpfade zu erreichen, wobei der am meisten begangene Weg von Ampezzo über den Passo del Pura führte. Nach dem Ersten Weltkrieg wurde mit dem Bau einer Straße durch die Schlucht begonnen, die nach einer Reihe von Verzögerungen erst viele Jahre später fertiggestellt werden konnte. Eine technische Meisterleistung war dabei die Brücke aus Stahlbeton über den Lumiei, deren Tragwerk aus einem einzigen Bogen besteht, der in hundertfünf Meter Höhe die Schlucht überspannt. Zwischen 1941 und 1948 war das Tal des Lumiei erneut Schauplatz eines gigantischen Bauvorhabens: die Errichtung des Speicherkraftwerks mit der kühn gewölbten Staumauer, die den

Natur 48

Lago di Sauris entstehen ließ; sie war damals mit hundertsechsunddreißig Metern eine der höchsten Europas (im Vergleich: die Limbergsperre, die höchste der Tauernkraftwerke Kaprun, ist hundertzwanzig Meter hoch). Da durch den Krieg Mangel an Arbeitskräften herrschte, wurden für die Bauarbeiten dreihundert neuseeländische Kriegsgefangene zu Zwangsarbeit eingesetzt, etliche von ihnen kamen dabei ums Leben.

Es ist Freitag, als ich in Sauris di Sotto eintreffe; morgen beginnt hier die *Festa del Prosciutto*, das Schinkenfest, das alljährlich an den ersten beiden Wochenenden im Juli stattfindet. Mein Quartier habe ich zeitgerecht von Wien aus bestellt. Es befindet sich im höher gelegenen Ortsteil Sauris di Sopra auf 1400 Meter Seehöhe. Ein behagliches Appartement in einem ehemaligen Bergbauernhaus, das der alpinen Tradition entsprechend aus Stein und Holz gebaut worden war und vor einigen Jahren behutsam restauriert wurde. In Sauris gibt es mehrere solcher sanierter Holzhäuser mit Ferienwohnungen, die als innovative Unterkunftsform entstanden sind, um die lokale Architektur zu erhalten. Das kommunale Projekt nennt sich **„Albergo Diffuso"**, es wird von Paola 49 Skurriles Petris, einer liebenswürdigen, waschechten *Saurana*, in der zentralen Rezeption, die sich im Borgo San Lorenzo befindet, geleitet.

Woher und wann die ersten Menschen kamen, die sich in diesem abgelegenen und schwer zugänglichen Tal angesiedelt haben, konnte mithilfe historischer Quellen eruiert werden. Was sie dazu bewog, ihre angestammten Siedlungen zu verlassen, blieb rätselhaft. Sie wanderten in der Mitte des 13. Jahrhunderts aus grenznahen Tälern Osttirols und Kärntens ein, ernährten sich von der Jagd, später von Ackerbau und Viehzucht, erklärt mir Lucia Protto vom örtlichen Heimatmuseum. Eine der vielen kulturellen Besonderheiten von Sauris ist die Sprache. Noch heute wird, neben Italienisch und Friulanisch, eine südbayerische Mundart (*de zahrar sproche*) gesprochen, die sich vom Mittelhochdeutschen ableitet, deren Vokabular wir allerdings kaum verstehen können. Das neuhochdeutsche „b“ lautet im Saurischen „p“, zum Beispiel „i pin“ (ich bin) oder „prueder“ (Bruder). Dem deutschen „w“ dagegen entspricht das saurische „b“, wie „bolt“ (Wald) oder „bùrstle“ (Wurst). Jahrhundertelang wurde das Saurische nur mündlich überliefert; erst seit Mitte des 19. Jahrhunderts gibt es eine schriftliche Form, die auf Monsignore Giorgio Plozzer zurückgeht, der auch eine Übersetzung des lateinischen Katechismus in Zahrar Sprache („De Cristegeleare“) verfasste. Sie wird im Heimatmuseum von Sauris ausgestellt. In der Folge ließen sich Autoren von der eigenwilligen Sprache inspirieren und verfassten Gedichte und Volkslieder, eine Tradition, die noch heute gepflogen wird. Als Beispiel seien hier die ersten Zeilen des Gedichts „Zahre“ (Sauris) von Tiziano Minigher wiedergegeben:

„Baile as nou bosser lafet in pechlan
baile as nou bölkhn lafnt ime himbl
baile as nou pamen boksnt im bolde
barber oban pfechtn af di.
Zahre maina hame,
Zahre mai lont.“

[“Solange Wasser in den Bächlein rinnt,
solange Wolken am Himmel laufen,
solange Bäume im Wald wachsen,
solange denken wir an dich.
Sauris, mein Heim,
Sauris, mein Land.“]

Der erste Tag in Sauris geht langsam zu Ende. Vom Balkon meines Appartements habe ich einen herrlichen Blick auf den zerklüfteten Gebirgsstock des Monte Bivera, den die abendliche Sonne in flamingorotes Licht taucht. Ich fahre nach Sauris di Sotto zum Abendessen in das **Ristorante Alla Pace** der Familie Schneider. 50 Kulinarik Das Haus, in dem sich das alteingesessene Restaurant befindet, ist ein repräsentativer Steinbau aus dem Jahr 1804. Über dem massiven Portal sitzt auf einem vorspringenden Tragstein eine Balustrade mit Blumenschmuck, die Fenster sind mit ockerfarbenen Schmuckformen dekoriert, an der Gebäudekante hängt ein filigran geschmiedetes Hauszeichen mit Sonne und Schriftzug „Alla Pace", darüber ein aus Blech gestanztes Vögelchen. In der behaglichen Gaststube werde ich von *Padrona* Schneider begrüßt. Übers ganze Gesicht lächelnd zählt sie einige Gerichte auf, die typisch für Sauris seien. Als Antipasto wähle ich den legendären mild-würzigen Prosciutto di Sauris. Danach nehme ich die von Signora Schneider empfohlene Speise, die sie „Tris" nannte: *Cjarsons* (Teigtaschen) mit Brennnesselfülle, *Rotolino di crèpe ripieni di ricotta affumicata* (eine dünne Palatschinke, gefüllt mit geräuchertem Ricotta) und *Gnocchi allo speck*. Dazu trinke ich den Hauswein, einen süffigen Tocai Friulano. Ich bedanke mich bei Signora Schneider für das köstliche Menü, und sie verweist, nicht ohne Stolz, auf den Koch, ihren Sohn Andrea. Als Dessert, deutet Signora Schneider mit einem verführerischen Lächeln an, gäbe es *Semifreddo ai lamponi e cioccolato bianco*, halbgefrorenes Vanilleeis mit Himbeermus und weißer Schokolade. Dieser Versuchung kann ich nicht widerstehen. Als letzte Abrundung des kulinarischen Genusses lädt mich Signora Schneider auf ein

Gläschen Grappa ein, der aus der Brennerei Bepi Tosolini (in der Nähe von Udine) stamme und den sie besonders schätze. Nachdem ich bezahlt habe, frage ich Signora Schneider, ob sie mir für mein Friaul-Buch das Rezept einer ihrer Lieblingsspeisen verraten möchte. Ja, sagt sie ohne zu überlegen, sie habe ein Leibgericht, eine kräftige Minestra, die in Zahrar Sprache „Khràutminjöstra" heiße. Sie könne mir allerdings nur die Zutaten und Zubereitung sagen, nicht aber die genauen Mengenangaben, die habe sie nicht im Kopf – ich schreibe mit.

Samstag, Festa del Prosciutto: Im unteren, größere **Ortsteil Sauris di Sotto** wurden in den Gassen und auf Plätzen Zelte mit Tischen und Bänken aufgestellt, wo man allerlei gute Dinge zu essen bekommt: Steaks und Bratwürste vom *Fogolar* (vom Grill), frisch zubereitete Polenta, Frico aus Käse und Kartoffeln, grüne und weiße Gnocchi mit geschmolzener Butter oder Tomatensoße und natürlich hauchdünn geschnittenen Prosciutto und Speck. An mehreren Verkaufsständen werden verschiedene Käsesorten von den karnischen Hochalmen angeboten, darunter der bereits erwähnte, berühmte Montasio, weiters Wein aus dem Colli Orientali sowie Mehlspeisen – und, nicht wegzudenken, Kitsch: auf Holz gemalte Darstellungen von Hirschen, Gemsen, Auerhähnen und der Muttergottes. 51 Geschichte

In der Nähe des Gemeindeamtes am oberen Ortsrand befindet sich die **Prosciuttificio Wolf**. Gegründet wurde sie bereits 1862 vom Fleischer Pietro Schneider, der seine Schinken mit dem Bild eines Wolfs kennzeichnete. Sein Enkel Giuseppe Petris baute die Fleischräucherei zu einer Schinkenfabrik aus, die heute von seiner Familie mit sechzig Mitarbeitern betrieben wird. Das Geheimnis des einzigartigen und unverkennbaren Geschmacks 52 Kulinarik

des Schinkens, erfahre ich bei einer Führung durch die blitzsauberen Hallen der Fabrik, seien sorgfältig ausgewählte Schweinsschlögel, eine traditionelle Räucherung mit Buchenholz, das besondere Klima von Sauris und mindestens zwölf Monate liebevolle Pflege während der Trocknung.

Vor der Schinkenfabrik steht ein Kiosk, wo eine andere Spezialität angeboten wird: das in Sauris gebraute
Natur 53 **„Zahre Beer"**, ein Vollwertbier, *Una birra a tutta natura*, wie es heißt, das weder pasteurisiert noch gefiltert werde und dessen wesentlicher Bestandteil das mineralstoffarme Hochquellwasser sei. Ein roter Kobold, der auf einem Baumstamm sitzt und ein Bierglas in der Hand hält, ist das Markenzeichen. Ich dränge mich durch eine Schar Motorradfahrer, gepanzert in Leder wie Samurai, zur Ausschank. Vier Sorten Bier gibt es zur Auswahl: das strohgelbe „Chiara Pils", das bernsteinfarbene „Rossa Vienna", das „Canapa" mit Hanfaroma und das dunkelrote „Affumicata" aus geräuchertem Gerstenmalz. Ich bestelle einen Becher „Rossa Vienna" und setze mich an einen der Tische. Es ist ein sonniger Tag, nur einzelne zarte Kondensstreifen durchziehen den grellblauen Himmel. Unter einem Sonnensegel steht ein Mann hinter einem Keyboard. Er scherzt mit dem Publikum und fordert es auf, Musikwünsche zu äußern. „Ma certo!", ruft er einer Frau zu, schlägt ein paar Akkorde an und beginnt ins Mikrofon zu singen: „Una festa sui prati, una bella compagnia". Die Zuhörer ringsum an den Tischen trinken Bier und singen fröhlich mit. Sauris feiert!

Am nächsten Morgen herrscht wiederum gutes Wetter und so nehme ich mir vor, eine Bergtour auf den
Natur 54 **Monte Pièltinis** zu unternehmen. Die Route ist in der

Tabacco-Wanderkarte 02 eingezeichnet. Ich starte vom Brunnen in der Ortsmitte von Sauris di Sopra. Zunächst führt ein asphaltierter Güterweg steil bergauf durch den Wald; das ist etwas beschwerlich, aber man gewinnt rasch an Höhe. Oberhalb der Baumgrenze geht es auf unbefestigtem Weg weiter bis kurz vor dem Festons-Sattel. Hier zweige ich nach rechts in den Wanderweg 206 ab, ein schmaler Pfad, der unterhalb des Monte Mörganlaite bis zum Malins-Sattel (1860 Meter) entlangführt. Um diese Jahreszeit sind die unberührten Bergwiesen von bezaubernder Schönheit, übersät mit blühenden Pflanzen, die zwischen hohen Gräsern in allen Farben schillern: Türkenbundlilien, Teufelskrallen, Glockenblumen, Wiesenbärenklau, Alpen-Pestwurz, Frühlingsenziane und viele andere, die ich nicht kenne. Die Luft ist erfüllt vom Geruch der Gräser. Tiefe Stille umfängt mich. Ich genieße die Aussicht auf Sauris, den Stausee und das Massiv des Monte Bivera. Nach dem Malins-Sattel durchquere ich einen langgestreckten Steilhang und steige zum Gipfel des Monte Pièltinis (2027 Meter) auf. Die Fernsicht ist leider schlecht, die Gipfel der Dolomiti Pesarine im Norden sind in dunkelgraue Wasserwolken gehüllt. Eine kurze Rast, ein kräftiger Schluck aus der Wasserflasche, dann steige ich ab in eine ausgedehnte Senke, die über und über mit hellrot blühenden Almrauschsträuchern bedeckt ist. Der Weg mündet in eine schmale Schotterstraße, die bergab zur **Malga Pièltinis**, einer Almwirtschaft, führt. Kurz davor verlasse ich die Straße und nehme den Wanderweg 218, der nach rechts abgeht. Der Weg führt über die Bergweide in Richtung Monte Rinderperk und steigt schließlich sanft zu einem Bergrücken an. Von nun an geht es nur mehr abwärts bis Sauris di Sotto; das letzte

59 Kulinarik

Stück auf asphaltierter Straße, die direkt zur Schinkenfabrik Wolf führt. Das Fest ist nach wie vor in vollem Gang; noch immer spielt der Mann auf dem Keyboard und scherzt; das „Zahre Beer“ fließt in Strömen. Ich war mehr als fünf Stunden unterwegs, meine Beine sind schwer. Der erste Becher mit strohgelbem „Chiara Pils“ schmeckt herrlich. In Gedanken lasse ich noch einmal die Eindrücke dieser Bergwanderung an mir vorbeiziehen; sie war, ich weiß keinen besseren Ausdruck, ein umwerfendes Erlebnis.

Es ist mein letzter Tag im Friaul. Ich stehe auf dem Balkon meines Appartements in Sauris di Sopra und schaue in die graue Felswelt des Monte Bivera, die sich vor mir erhebt. Schwalben durchkreuzen schnell und gewandt meinen Blick. Was habe ich alles nicht gesehen auf meinen Reisen durch das „kleine Kompendium der Welt“, von dem Ippolito Nievo sprach und das sich im Friaul zu spiegeln scheint? Ein Fragezeichen des Abschieds und der Wiederkehr, um Cees Nooteboom zu zitieren, das Zeichen des Reisenden.

Gnocchetti di Sauris allo speck e kùmmel

(Nockerl mit Speck und Kümmel)

Zutaten für sechs Personen:
* 200 g altbackenes Weißbrot
* 100 g Vollkornbrot
* 150 g Weizenmehl (z. B. Farina tipo 00)
* 1/2 l Milch
* 1 TL Kümmel
* 1 Ei
* 50 g Butter
* etwas Zimt
* Muskatnuss
* 100 g Speck
* Salz und Pfeffer
* Parmigiano Reggiano Stravecchio

***

Das Brot zerkleinern und ca. eine Stunde in Milch einweichen. Kurz im Mixer pürieren. Eier, Zimt, Muskatnuss, Kümmel, Salz, Pfeffer und das Mehl dazugeben, bis eine homogene Masse entsteht.

Gnocchi formen und in gesalzenem Wasser garen, bis sie oben schwimmen.

Speck fein schneiden und in Butter anbraten. Gnocchi abseihen und dazugeben. Großzügig Käse darüberstreuen.

Montasio marinato con la rucola

(Marinierter Montasio-Käse mit Rucola)

Zutaten für vier Personen:

* 200 g Montasio fresco (nicht älter als einen Monat)
* 1 Zwiebel, in Streifen geschnitten
* 2 EL Rosinen
* Butter
* 1/8 l Weißwein
* Tomatenpüree
* geröstete Pinienkerne
* 1–2 EL Honig
* Salz und Pfeffer aus der Mühle
* Rucola

***

Zwiebelstreifen und Rosinen in etwas Butter andünsten, mit Weißwein ablöschen und mit Tomatenpüree aufgießen. Kurz köcheln, die gerösteten Pinienkerne und den Honig dazugeben, mit Salz und Pfeffer aus der Mühle abschmecken und kalt werden lassen. Diese Marinade über den in Scheiben geschnittenen Montasio geben und bei Zimmertemperatur zwei Stunden marinieren. Rucola mit etwas Vinaigrette anmachen und zusammen mit den marinierten Käsescheiben anrichten.

Tipp: Rucola mit ein paar Tropfen der Käsemarinade beträufeln.

Khràutminjöstra

(Krautsuppe von Padrona Schneider, Ristorante Alla Pace, Sauris; Mengenangaben vom Autor)

Zutaten für sechs Personen:
* 200 g getrocknete weiße Bohnen
* 200 g geschälte Rollgerste
* 500 g Sauerkraut
* 1 Zwiebel
* 2 mittelgroße Kartoffeln
* Knoblauch
* 100 g Pancetta (gerollter Schweinebauch)
* 2–3 Lorbeerblätter
* Salz, Pfeffer
* Milch
* Mehl

***

Rollgerste und Bohnen ca. 8 Stunden in Wasser einweichen; Sauerkraut in lauwarmem Wasser ausdrücken, um die Säure zu verringern. Zwiebel, Kartoffeln, Knoblauch und Pancetta würfelig schneiden.

Alle Zutaten in etwas Olivenöl anbraten und zu den Bohnen und der Rollgerste dazugeben. Etwa eine Stunde köcheln lassen. Mit Salz und Pfeffer abschmecken. Vor dem Anrichten etwas Mehl mit Milch verrühren und hinzufügen.

Risottino allo sclopit mantecato con pasticcio di lardo nostrano

(Risotto mit Leimkraut und Speck)

Vor allem in Friaul werden die Blätter des Gemeinen Leimkrauts (Silene vulgaris), das hier Sclopit heißt, gerne in der Küche verwendet. Es schmeckt nach jungen Erbsen und wird zum Verfeinern von Paste, Risotti, Omletts und Suppen verwendet.

Zutaten für vier Personen:
* 360 g Risottoreis (z. B. Vialone Nana)
* 1/2 weiße Zwiebel
* Olivenöl
* 1/4 l Weißwein
* eine Handvoll frisches Leimkraut
* ca. 1/2 l Fleischbrühe
* 100 g weißer Speck (Lardo)
* Rosmarin, Salbei, Thymian
* Salz, Pfeffer
* Muskatnuss
* Parmigiano Reggiano Stravecchio

***

Klein gehackte Zwiebel in Olivenöl anbraten, Reis hinzufügen, umrühren, bis er glasig wird.
Mit Wein aufgießen, köcheln lassen; gehacktes Leimkraut dazugeben. Mit kochender Brühe unter ständigem Rühren langsam aufgießen und ca. 20–25 Minuten köcheln, salzen. Gewürfelten Speck und klein geschnittene Kräuter anbraten, mit dem Risotto vermischen und mit Pfeffer, Salz und etwas Muskatnuss würzen.
Mit geriebenem Stravecchio-Käse oder geräuchertem Ricotta bestreuen..

Rotolino di crèpe con ricotta e carciofi

(Palatschinken mit Ricotta und Artischocken)

Zutaten für sechs Personen:

Für den Teig

* 200 g Weizenmehl (z. B. Farina tipo 00)
* 4 Eier
* 1/2 l Milch
* Salz, Muskatnuss

Für die Fülle

* 4 Artischockenherzen
* 300 g frischer Ricotta
* 100 g geriebener Parmesan
* Salz, Muskatnuss, Petersilie
* 1/4 l Béchamelsauce

***

Alle Zutaten zu einem glatten Teig verrühren und 30 Minuten ruhen lassen.
Dann in einer beschichteten Pfanne ein wenig Butter heiß werden lassen, pro Palatschinke so viel Teig hineingießen, dass der Boden der Pfanne dünn bedeckt ist.
Über mäßigem Feuer zuerst die eine Seite hellbraun backen, dann wenden und die zweite Seite ebenfalls backen.
Artischocken putzen, Herzen herausschneiden und in Scheiben schneiden, in Olivenöl anbraten; Béchamelsauce vorbereiten.
Für die Fülle die Artischocken mit Ricotta, Parmesan, Muskatnuss und Béchamelsauce vermischen, salzen. Dann die Palatschinken füllen, zusammenrollen und daraus Päckchen formen. Den Backofen auf 180 °C vorheizen. Die Päckchen mit geschmolzener Butter übergießen, mit geriebenem Parmesan bestreuen und für ca. 15 Minuten im Ofen gratinieren. Mit gehackter Petersilie garnieren.

Bibliografie

Italo Calvino:
Die unsichtbaren Städte.
(übersetzt von Heinz Riedt)
Carl Hanser Verlag,
München-Wien 1977

Hans Kitzmüller (Hg.):
Europa erlesen, Friaul.
Wieser Verlag,
Klagenfurt/Celovec 1998

Emilio Lussu:
Ein Jahr auf der Hochebene.
(übersetzt von Claus Gatterer)
Folio Verlag,
Wien-Bozen 2006

Claudio Magris:
Die Welt en gros und en détail
(übersetzt von Ragni Maria Gschwend)
Carl Hanser Verlag,
München-Wien 1999

Biagio Marin:
Der Wind der Ewigkeit wird stärker.
(übersetzt von Ricardo Caldura, Maria Fehringer und Peter Waterhouse) Rowohlt Verlag,
Reinbek bei Hamburg 1991

Biagio Marin /
(Hg. Marina Bressan):
Grado, die von Gott begnadete Insel. („L'Isola d'Oro")
Biblioteca Civica,
Gorizia 2000

Ippolito Nievo
Bekenntnisse eines Italieners.
„Le Confessioni d'un Italiano"
(übersetzt von Barbara Kleiner)
Manesse Verlag,
Zürich 2005

Pier Paolo Pasolini:
Unter freiem Himmel.
(übersetzt von Toni Kienlehner)
Verlag Klaus Wagenbach,
Berlin 1982

Pier Paolo Pasolini:
Petrolio.
(übersetzt von Moshe Kahn)
Verlag Klaus Wagenbach,
Berlin 1994

Rettet den Tagliamento
Jahrbuch des Vereins zum Schutz der Bergwelt
Band 70, Sonderdruck,
München 2005

Enzo Siciliano:
Pasolini. Leben und Werk.
(übersetzt von Christel Galliani)
Beltz, Weinheim 1981

Kristian Sotriffer:
Friaul und Julisch Venetien.
OÖ Landesverlag,
Linz 1977

Wie eine Viole in Casarsa
Friulanische Gedichte
(übersetzt von Anna-Maria
Kanzian). Wieser Verlag,
Klagenfurt/Celovec 2003

Giuseppe Zigaina:
Mein Vater, der Widder.
(übersetzt v. Karin Fleischanderl)
Folio Verlag,
Wien-Bozen 2008

Giuseppe Zigaina:
In die Lagune.
(übersetzt v. Karin Fleischanderl)
Folio Verlag,
Wien-Bozen 2006

Register

Rezeptverzeichnis

1 Trattoria Al Ceppo
Ein originelles Lokal, das leider nur am Wochenende geöffnet ist. Familie Bordon bietet die typische lokale Küche mit Frico, Pilzen, Kräutern, Polenta und Aufschnitt. Via Cosson 147, Cosson (in der Nähe von Prepotto), Tel. +39 432 713039 (Kulinarik/Seite 7)

2 Der Gedenkstein erinnert an die Radlegende Fausto Coppi. Der dreifache Weltmeister gewann zweimal die Tour de France und fünfmal den Giro d'Italia. Legendär war auch seine Rivalität mit dem etwas älteren Gino Bartali, die in die Radsportgeschichte einging. Gegenüber der Straßengabelung Barbianis – Brischis – Castelmonte (Tabacco-Wanderkarte „Valle del Judrio", Comune di Prepotto).
(Skurriles/Seite 8)

3 Mostra Schioppettino
In der Gegend um Prepotto gedeiht der Schioppettino, eine autochthone Rebsorte, die auch „Ribolla nera" oder „Poçalza" genannt wird. Diesen kräftigen Wein mit dem unverwechselbaren Aroma kann man mit keinem der anderen Rotweine der Region vergleichen. Verkostet und gekauft kann der Wein in einem Lokal werden, das auch für seinen Schweinsbraten (Maialata) bekannt ist: Trattoria da Mario, Enoteca dello Schioppettino, Mo und Di Ruhetag,Via XXIV Maggio 16, Prepotto, Tel. +39 432 713004, www.enotecaschioppettino.it (Kulinarik/Seite 16)

4 Ponte del Diavolo
Die berühmte „Teufelsbrücke" ist das Wahrzeichen der Stadt Cividale del Friuli. Der gewagte Bau wurde von Iacopo Dugaro (1442) geplant, von Erardo da Villacco begonnen und nach wechselvoller Baugeschichte Anfang des 16. Jahrhunderts von Bartolomeo delle Cisterne beendet. Die Sage überliefert, dass der Teufel den Bau der Brücke tatkräftig unterstützt und dafür die erste Seele gefordert habe, welche die Brücke überquert. Die Bürger von Cividale schlugen dem Teufel aber ein Schnippchen und ließen als erste Seele eine Katze über die Brücke laufen.
(Skurriles/Seite 16)

5 Palazzo Comunale

An der Piazza del Duomo, gegenüber dem Dom, steht das Rathaus, das bei der Restaurierung 1936 wieder die Form erhielt, die es im 15. Jahrhundert hatte. Gegründet wurde es jedoch schon im 14. Jahrhundert als Zeichen der wirtschaftlichen Bedeutung der Stadt. Eine Bronzestatue vor den Arkaden erinnert an den Stadtgründer Julius Cäsar.
Ecke Largo Boiani/Via Porta D'Aquileia, Cividale del Friuli.
(Kultur/Seite 20)

6 Museo Archeologico Nazionale

Das Museum ist seit Juni 1990 im Palazzo dei Provveditori untergebracht, dessen Entwurf auf den venezianischen Staatsarchitekten Andrea Palladio zurückgeht und der zwischen 1565 und 1596 errichtet wurde.
Piazza Duomo 1, Cividale del Friuli, Mo 9.00–14.00 Uhr, Di–So 8.30–19.00 Uhr
(Kultur /Seite 20)

7 Museo Cristiano

Das Museum befindet sich an der rechten Seite des Doms und zeigt Hauptwerke aus langobardischer Zeit, wie das oktogonale Taufbecken oder den berühmten Ratchis-Altar.
Via Candotti 1, Cividale del Friuli, Tel. +39 432 730403
April–Oktober Mi–So 10.00–13.00, 15.00–18.00 Uhr
(Kultur/ Seite 22)

8 Palazzo Levrini-Stringher

Das Gebäude stammt aus dem 16. Jahrhundert und wurde im 18. und 20. Jahrhundert revitalisiert. Sehenswert ist es vor allem wegen der Fresken zu christlicher und mythologischer Thematik, die dem aus dem Veneto stammenden Maler Marco Bello (1470–1523) zugeschrieben werden.
Ecke Corso G. Mazzini–Via Cavour, Cividale del Friuli
(Geschichte/Seite 22)

9 Delikatessengeschäft Scubla

Italienische Spezereien in nostalgischem Ambiente.
Corso Giuseppe Mazzini, 33, Cividale del Friuli,
Tel. +39 432 731995
(Kulinarik/ Seite 22)

10 Caffè Longobardo und Enoteca L'Elefante

Das Lokal besticht nicht nur durch seine stilvolle Fassade, sondern es ist auch als klassisches Kaffeehaus zu empfehlen.
Piazza Paolo Diacono 2, Cividale del Friuli.
Wer Lust auf kalte Happen, friulanische Kleinigkeiten oder

Salate hat, der findet auf der Piazza Diacono die Enoteca L'Elefante.
Tel. +39 340 6230594, www.enotecaelefante.it (Kulinarik/Seite 23 u. 24)

11 Grappabrennerei Nonino

Die älteste Brennerei in Norditalien hat internationales Renommee und ist seit mehr als hundert Jahren in Familienbesitz. Die letzte Innovation heißt „Gioiello", ein kristallklares Destillat nicht aus Trauben, sondern aus verschiedenen Honigsorten. Via Aquileia 104, Percoto, www.nonino.it (Kulinarik/Seite 24)

12 La Casa di Alice

Der zehn Fußminuten von der Altstadt entfernte ehemalige Bauernhof aus dem späten 19. Jahrhundert wurde mit Sorgfalt und gutem Geschmack renoviert. Zum Frühstück gibt es Süßes und Pikantes: Brot, Butter, Marmeladen, Eier, Schinken und einheimischen Käse. Die Hauswirtin, Anna Brandolin, spricht Deutsch und organisiert auf Wunsch Besuche der Weinkellereien, mit denen sie zusammenarbeitet. Bed & Breakfast, Via Ara Pacis 22, Cormòns, Tel. +39 335 377994, www.wel.it/alice (Kulinarik/Seite 25)

13 Denkmal für den Habsburger kaiser Maximilian I.

Das Denkmal entwarf der Wiener Bildhauer Edmund Hofmann von Aspernburg (1847–1930). Er war Mitglied des Wiener Künstlerhauses und wurde in der Ringstraßenzeit viel beschäftigt, sowohl im öffentlichen Auftrag für Monumentalbauten als auch privat für Denkmäler und Grabschmuck. Piazza Libertà, Cormòns (Geschichte/Seite 27)

14 Enoteca di Cormòns

Die Enoteca liegt ganz zentral im Palazzo Locatelli. Man kann dort nahezu alle Weine des Collio und des Isonzo glasweise verkosten; dazu gibt es lokale Wurst- und Käsesorten, Schinken und Speck – ideal für einen kleinen Imbiss. Piazza XXIV Maggio, 21, Cormòns. Öffnungszeiten täglich von 11.00–22.00 Uhr, Di Ruhetag, www.enoteca-cormons.it (Kulinarik/Seite 27)

15 Trattoria Al Giardinetto

Zu den anspruchsvollsten Restaurants im Collio zählt gewiss Al Giardinetto. Die Küche der Brüder Zoppolatti genießt einen exzellenten Ruf und bietet kreative Speisen österreichischer und friulanischer Art. Achtung:

begrenzte Platzanzahl, Reservierung erforderlich. Mo und Di geschlossen. Via Matteotti 54, Cormòns, Tel. +39 481 60257 (Kulinarik/Seite 28)

16 Monte Quarin

Der 274 Meter hohe Hausberg von Cormòns verlockt mit schöner Aussicht. Die Wallfahrtskirche Beata Vergine del Soccorso stammt aus dem 17. Jahrhundert.
(Natur/Seite 29)

17 Redipuglia

Die größte Gedenkstätte Italiens für die Gefallenen der III. Armee im Ersten Weltkrieg, erbaut 1936 unter Benito Mussolini nach Plänen des Architekten Giovanni Greppi und des Bildhauers Giannino Castiglioni auf dem Monte Sei Busi. Hier ruhen eingemauert die Überreste von 100187 bekannten und unbekannten Gefallenen.
(Geschichte/Seite 34)

18 Basilika von Aquileia

Die Basilika ist das geschichtlich und künstlerisch bedeutendste Monument der gesamten Region. Der romanische Bau aus dem 11. Jahrhundert steht auf Vorgängerbauten, die bis ins frühe 4. Jahrhundert zurückreichen. Ein Portikus verbindet den Innenraum mit dem vorgebauten Baptisterium, die Höhe des freistehenden Glockenturms beträgt 73 Meter. Wer die Ausgrabungen von Aquileia aus der Vogelperspektive betrachten möchte, dem sei – trotz der mehr als hundert hohen Stufen – eine Besteigung empfohlen. Spektakulär ist das frühchristliche Bodenmosaik; mit einer Fläche von 750 Quadratmetern ist es das größte der westlichen Welt. Ein Kurzführer liegt in der Basilika auf.
Piazza Capitolo, Aquileia
(Geschichte/Seite 40)

19 Villa Asiola

Die Übernachtung in historischen Gemäuern ist auch wegen der ruhigen Lage und des rustikalen Ambientes mit moderner Ausstattung lohnenswert.
Azienda Agrituristica, Borgo Pacco 12 (in der Nähe von Aquileia), Tel. +39 431 969453, www.villaasiola.it
(Kulinarik/Seite 42)

20 Via Sacra und Porto Fluviale Romano

Ein etwa einen Kilometer langer, von Zypressen gesäumter Spazierweg entlang dem fast zugewachsenen Fluss Natissa. Der Weg beginnt hinter der Basilika und führt zu den Ausgrabungen des römischen Flusshafens, der wohl schon bald nach der Stadtgründung (181 v. Chr.) angelegt wurde. Aquileia (Geschichte/Seite 42)

21 Ausflug von Aquileia zur Mündung der Flüsse Aussa und Corno in die Lagune von Grado

Ein lohnender Ausflug, den man auch mit dem Rad unternehmen kann. Fahrräder können in Aquileia gemietet werden.
Eine Website des italienischen Innenministeriums (www.commissariodelegatolagunafvg.it) befasst sich mit einer gefährlichen Umweltverschmutzung in dieser Region. Demnach wurden die Flüsse Aussa und Corno sowie die Lagune lange Zeit durch Quecksilber kontaminiert, das vom Chemieunternehmen Caffaro Industrial Plant in Torviscosa in den Fluss gelangt war. Im Mai 2002 wurde eine Kommission gegründet, um den „sozioökonomischen und ökologischen Notstand", wie es heißt, zu entschärfen.
(Natur/Seite 46)

22 Perdòn de Barbana

Die Perdòn de Barbana (Vergebung von Barbana) ist die älteste Tradition der Lagune. Am ersten Sonntag im Juli veranstalten die Bewohner von Grado eine eindrucksvolle Schiffsprozession mit festlich beflaggten Booten nach Barbana, eine der größten Inseln im östlichen Teil der Lagune (Palù de Sora).
(Geschichte/Seite 50)

23 Villa Marin

Das gepflegte Hotel hat 21 Zimmer und liegt direkt an der Dammpromenade vor der Altstadt mit Panoramablick aufs Meer. Familie Marin, Via die Provveditori 20, Grado,
Tel. +39 431 80789,
www.villamarin.it,
von März bis November geöffnet.
(Kulinarik/Seite 50)

24 Geburtshaus Biagio Marins

Das Haus befindet sich im Centro Storico neben der Kirche Santa Maria delle Grazie. Anlässlich Marins hundertsten Geburtstages wurde an der Fassade eine schlichte Marmortafel mit einem Vierzeiler aus dem Band „Le Litànie del la Madona" (1970) angebracht
(„Mar queto, mar calmo / no vogie, no brame / respiro de salmo / tra dossi e tra lame").
Calle Androna della Chiesa, Grado
(Geschichte/Seite 53)

25 Grab Biagio Marins

In ein aufgeschlagenes Buch aus Bronze am Fuß des Grabes ist ein Bittgebet Marins an die Jungfrau Maria eingeschrieben, das aus dem erwähnten Band

„Le Litànie del la Madona“ stammt. Cimitero auf der kleinen Insel Le Cove am Canale dei Moreri, Grado
(Geschichte/Seite 53)

Basilika Sant'Eufemia

Eine große, dreischiffige Säulenbasilika aus dem 6. Jahrhundert, deren Schmuck sich auf ein prächtiges Bodenmosaik konzentriert, mit geometrischen und vegetabilen Ornamenten. Der Dom ist ein seltenes, noch weitgehend intaktes Beispiel einer Kirche aus der Zeit der Völkerwanderung. Links neben dem Dom befindet sich das Baptisterium mit sechseckigem Taufbecken. Mit Glück kann man auch einem klassischen Konzert beiwohnen.
Campo dei Patriarchi, Grado
(Kultur/Seite 54)

Insel Barbana

Bei schönem Wetter lohnt es sich, das Motoscafo von der Station Riva Scaramuzza zu nehmen und nach Santa Maria di Barbana, der beliebtesten Wallfahrtskirche des Landes, zu fahren. Sehenswert sind die in der Marienkirche befindlichen Votivtafeln und das überaus ungewöhnliche Weihwasserbecken aus rotem Marmor; es zeigt, wie der Teufel dazu gezwungen wird, Weihwasser zu tragen.
(Kultur/Seite 54)

Trattoria Alla Vittoria

Ein empfehlenswertes Freiluftrestaurant bei der Ausgrabung der frühchristlichen Basilica del Campo; aufmerksame Bedienung, angemessene Preise. Tischreservierung ist ratsam.
Via della Corte 2, Grado,
Tel. +39 431 80744
(Kulinarik/Seite 56)

Ausflug mit dem Bootstaxi in die Lagune

Sehr zu empfehlen! Die Route kann mit dem Bootsführer vorher vereinbart werden. Die Broschüre „Die Lagune von Grado. Zauberhafte Bootsfahrten in einer Welt voller Inseln und Schätze“, Edizioni della Laguna 2005, gibt es in Grado zu kaufen.
Servizio Taxi Laguna,
Andrea Corbatto, Porto Centrale,
Tel. +39 339 5329064,
www.lagunataxi.it
(Natur/Seite 60)

Insel Safon

Die Insel ist im westlichen Teil der Lagune von Grado (Palù de Soto) gelegen. Hier drehte Pier Paolo Pasolini die ersten Szenen zu seinem Filmklassiker „Medea“. Mota Safon, wie man hier sagt, ist heute im Besitz von „Graisani de Palù“, einer Vereinigung zur Bewahrung der Lagune. Die Insel ist nur mit dem Bootstaxi zu erreichen. (Natur/Seite 60)

31 Insel Anfora

Nicht weit von Mota Safon entfernt liegt die Insel Anfora. Sie ist durch einen Kanal von Porto Buso getrennt und beherbergt ein ehemaliges kleines Fischerdorf, dessen Charme von der rustikalen Trattoria Ai Ciodi ausgeht. Zu erreichen mit dem Motorschiff Nuova Christina, das von April bis Oktober Rundfahrten durch die Lagune anbietet, oder mit dem Bootstaxi. (Natur/Seite 63)

32 Trattoria Ai Ciodi

Das urige Lokal der Familie Tognon befindet sich unweit der Anlegestelle. Die Spezialität des Hauses sind natürlich Fisch- und Muschelgerichte. Auch ein kleines, nettes Hotel gehört zum Gastbetrieb. Geöffnet täglich von April bis Ende Oktober.
Insel Anfora,
Tel. +39 335 7522209,
www.portobusoaiciodi.it
(Kulinarik/Seite 65)

33 Villa Manin

Sehenswerter Prachtbau mit traumhafter Parkanlage. Neben der permanenten Sammlung werden auch immer wieder interessante Ausstellungen gezeigt. Passariano bei Codroipo,
www.villamanin-eventi.it
(Kultur/Seite 71)

34 Casa Colussi/Centro Studi Pier Paolo Pasolini

Die Provinzverwaltung von Pordenone hat 1993 das Geburtshaus von Pasolinis Mutter Susanna (Colussi) erworben und mit großem Aufwand zu einem Studienzentrum ausgebaut. Es beherbergt eine umfangreiche Materialsammlung zu Persönlichkeit und Werk Pasolinis.
Via Guidalberto Pasolini,
4 Casarsa della Delizia,
Tel. +39 434 870593,
www.centrostudipierpaolopasolinicasarsa.it
(Kultur/Seite 75)

35 Grab Pier Paolo Pasolinis

Tausende Menschen kamen im November 1975 nach Casarsa, um von dem streitbaren Intellektuellen Abschied zu nehmen. Der Schriftsteller Alberto Moravia würdigte seinen Freund Pier Paolo am Grab mit den Worten: „Jedes Jahrhundert werden nur drei oder vier Dichter geboren, und wir haben einen Dichter verloren.“ Cimitero etwas außerhalb von Casarsa an der Straße nach Valvasone.
(Geschichte/Seite 80)

36 Sacile
Das historische Kleinstädtchen ist gewiss einer der reizvollsten Orte im Friaul mit venezianischem Flair. Seinen Beinamen „Garten der Serenissima" bekam er wegen der zahlreichen Paläste, die am Ufer des Livenza für den örtlichen Adel errichtet wurden; zum Beispiel der noble Palazzo Comunale aus dem 14. Jahrhundert mit eindrucksvoller Loggia auf der Piazza del Popolo.
(Kultur/Seite 80)

37 Vogelmesse Sagra dei Osei
Alljährlich am letzten Sonntag im August findet in Sacile die größte und älteste Vogelmesse Italiens statt. Ein Spektakel, das jedes Jahr Scharen von Besuchern anlockt.
(Skurriles/Seite 80)

38 San Nicolò Dom
An der Innenfassade der Kirche aus dem 15. Jahrhundert findet man eine interessante Grabinschrift, die dem Sohn des türkischen Sultans Murad II., David, gewidmet ist, der 1454 in Sacile starb. Piazza Duomo, Sacile
(Kultur/Seite 82)

39 Ristorante & Pizzeria Cellini
Ein großes, überwachsenes Terrassenlokal in lauschiger Lage direkt am Fluss Livenza. Große Auswahl an köstlichen Pizze. Montag Ruhetag.
Via della Pietà 20, Sacile,
Tel. +39 434 72868,
www.sacile.cellini.it
(Kulinarik/Seite 82)

40 Dom Santa Maria Assunta
Der aus dem 14. Jahrhundert stammende Dom am Fuße des Berges Glemina ist für mich mit seiner prachtvollen Fassade der interessanteste Kirchenbau des Friauls.
Gemona del Friuli
(Geschichte/Seite 92)

41 Frammenti di Memoria
Die Dauerausstellung über die Erdbebenkatastrophe von 1976 dokumentiert mit Fotos und Filmmaterial sehr eindrucksvoll das Ausmaß der Zerstörung und den Wiederaufbau.
Via Giuseppe Bini 24,
Gemona del Friuli
(Geschichte/Seite 92)

42 Ufer-Tour
Ausgangspunkt der Wanderung entlang des östlichen Ufers des Tagliamento ist das Ecomuseo delle Acque in der Mulino Cocconi, das sich am nördlichen Ortsrand von Gemona an einem kleinen Platz, Largo Beorcje 12, befindet. Zu empfehlen ist ein anschließendener Besuch des nahen Naturparks am kleinen,

glasklaren Lago di Cornino mit der Gänsegeierstation „Progetto Grifone". www.riservacornino.it (Natur/Seite 93)

43 Casa delle Farfalle

Neben der umfassenden biologischen Schau bietet das Schmetterlingshaus für Besucher, die in den tropischen Hallen Lust auf mehr bekommen, auch immer wieder Naturfotografie-Kurse an. Via Canada 1, Bordano, www.farfalledibordano.it, Öffnungszeiten:
März und Oktober tägl. 9.30–12.00 und 14.00–16.00 Uhr, April bis September tägl. 9.30–12.00 und 14.00–17.30 Uhr (Natur/Seite 97)

44 Bordano murale mitologico del ciclismo (Mythologische Mauer, dem Radsport gewidmet)

Das zwanzig Meter lange Wandgemälde wurde von Giuseppe Brombin und Floreano Franzil geschaffen und kann an der Straße SP 36 von Bordano nach Interneppo bestaunt werden. (Skurriles/Seite 99)

45 Lago di Cavazzo

Der Lago ist der größte natürliche See im Friaul mit einer Oberfläche von 1,18 Quadratkilometern, einer Länge von 2,25 Kilometern und einer maximalen Breite von 800 Metern; seine größte Tiefe beträgt 39 Meter. Schönheitsfehler: Die Autostrada A 23 führt auf Stelzen über den nordwestlichen Zipfel des Sees. (Natur/Seite 100)

46 Gedenkstätte „Memoriale Martiri 2. Maggio 1945"

Das kürzlich errichtete Denkmal erinnert an 51 Opfer, die kurz vor Kriegsende von Männern des SS-Karstwehrbataillons ermordet wurden. Avasinis. (Geschichte/Seite 101)

47 Museo dell'arte fabbrile e delle coltellerie Museum der Schmiedekunst und der Messerfabriken

Öffnungszeiten:
Di und Mi 9.30–12.30 Uhr, an allen anderen Tagen 9.30–12.30 sowie 15.30–18.30 Uhr
Via Maestri del Lavoro, 1 Maniago, www.maniago.it/contenuti/museo/home
(Skurriles/Seite 102)

48 Passo di Monte Rest

Der Pass ist unter Motorradfahrern wohl bekannt, stellt aber auch an Autofahrer größere Herausforderungen (12 % max. Steigung). Die Aussicht und Ursprünglichkeit lohnen den Weg aber allemal. Orte an der Strecke sind Tramonti di Sotto und

Tramonti di Sopra. Die Straße (SR 552) führt dann weiter nach Ampezzo.
(Natur/Seite 108

49 Albergo Diffuso

Idee dieses Projektes war es, eine innovative Unterkunftsform zu entwickeln. Um die lokale Architektur zu erhalten, wurden ehemalige Bergbauernhäuser, die der alpinen Tradition entsprechend aus Stein und Holz gebaut worden waren, behutsam restauriert und darin Ferienwohnungen eingerichtet.
Rezeption: Paola Petris. Sauris di Sopra, Tel. +39 433 86221, info@albergodiffusosauris.com, www.albergodiffusosauris.com
(Skurriles/Seite 109)

50 Ristorante Alla Pace

Die Küche versteht sich als Neuinterpretation der regionalen Tradition, ergänzt wird das Angebot durch einen reichhaltigen Weinkeller und sieben Zimmer.
Sauris di Sotto 92,
Tel. +39 433 86010,
www.ristoranteallapace.it
(Kulinarik/Seite 111)

51 Wallfahrtskirche Sant'Osvaldo

Der Ursprung der Kirche reicht bis 1361 zurück. In ihr wird als Reliquie der Daumen des heiligen Oswald verehrt. Sehenswert der 1524 aus Holz geschnitzte, vergoldete und bemalte Flügelaltar von Michael Parth aus Bruneck. Sauris di Sotto
(Geschichte/Seite 113)

52 Prosciuttificio Wolf

In dem der Schinkenfabrik angeschlossenen appetitlichen Laden werden Wolf-Produkte, wie Prosciutto, Speck, Culatello, Ossocollo, Salami, Salsicce, Lardo alla Erbe u. a., zum Verkauf angeboten.
Sauris di Sotto,
www.wolfsauris.it
(Kulinarik/Seite 113)

53 Sauris AgriBeer

Bierdegustation vom Fass und Verkauf (Flaschen zu 75 cl in Kartons à 6 Flaschen).
Sauris di Sopra 50,
Tel. +39 433 866134,
www.zahrebeer.com
(Kulinarik/Seite 116)

54 Bergtour auf den Monte Pièltinis

Tabacco-Wanderkarte 02
(1 : 25 000)
Gut gepflegte und markierte Wanderwege mit schönen Ausblicken. Trittsicherheit und Schwindelfreiheit sind nicht erforderlich.
Gehzeit: ca. 5 Stunden.
(Natur/Seite 116)

55 Ristorante Riglarhaus

Das familiär geführte Haus mit seiner traditionellen karnischen Küche liegt in der kleinen Ortschaft Lateis (1256 Meter), zu erreichen vom Stausee auf kurviger Straße. Lateis 3, Sauris, Tel. +39 433 86049, www.riglarhaus.it (Kulinarik/Seite 117)

Rudi Palla, geboren in Wien, studierte an der Wiener Filmhochschule und arbeitet als freier Schriftsteller in seiner Heimatstadt.
Bücher:
Die Mitte der Welt – Bilder und Geschichten von Menschen auf dem Land (1989).
Verschwundene Arbeit – Ein Thesaurus der untergegangenen Berufe (1994/2010).
Die Kunst, Kinder zu kneten – Ein Rezeptbuch der Pädagogik (1997).
Augentrost & Teufelskralle – Ein Herbarium besonderer Art (2003).
Unter Bäumen – Reisen zu den größten Lebewesen (2006).
Kurze Lebensläufe der Narren (2008).
Die Weltreise Seiner Majestät Korvette Saida in den Jahren 1884–1886 (2011).
Kapitän & Künstler – Die Erforschung der Terra Australis, (Herbst 2013).

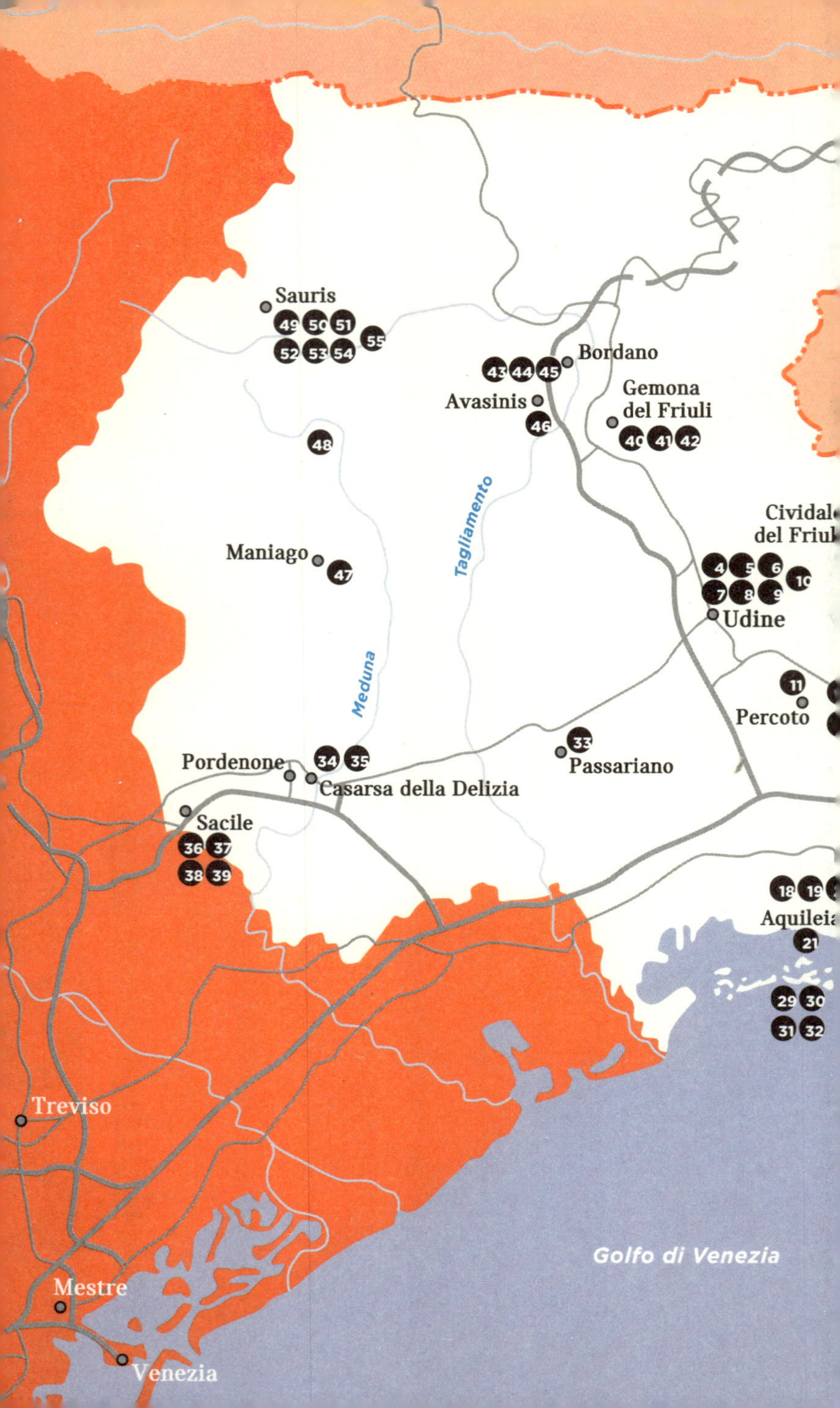

Sauris
49 50 51 52 53 54 55
Bordano
43 44 45
Avasinis
46
Gemona
del Friuli
40 41 42
48
Tagliamento
Maniago
47
Cividal
del Friul
4 5 6 7 8 9 10
Udine
Meduna
11
Percoto
33
Passariano
Pordenone
34 35
Casarsa della Delizia
Sacile
36 37 38 39
18 19
Aquileia
21
29 30 31 32
Treviso
Mestre
Venezia
Golfo di Venezia